Die Sonne blutet honiggelb
ihre Strahlen auf die Welt.
Sie stirbt, damit wir alle leben,
um morgens wieder loszulegen.

Martin 'Gotti' Gottschild

1. Auflage September 2016

ISBN 978 3 9430 45031
Herausgegeben von LOOB
Umschlaggestaltung: Jule Geflitter & Annette Herrmann
Lektorat: Dr. Julia Frohn & Annette Herrmann
Korrektur: Dr. Julia Frohn
Satz und Gestaltung: Annette Herrmann

Die Frühlingsfaust

Letzten Sonntag war es soweit. Die Strahlen der Sonne hatten die Dächer der Hauptstadt so lange gestreichelt, dass alle Bewohner springkrautsamengleich aus den Häusern geschleudert wurden, um sich mit lebenswichtigem Vitamin D vollzusaugen, nach potentiellen Brunftpartnern Ausschau zu halten oder im schlimmsten Fall sogar die eigene, bereits gezeugte Brut zur Schau zu stellen.

Ich blickte misstrauisch aus dem Fenster auf die Straße hinunter. War das schon was, oder war das noch nichts? Brauchte man bei diesem Wetter noch eine Jacke oder reichte bereits ein leichter Pullover?

Die Berliner schienen uneinig.

Einige spazierten mit Mantel, Schal und Mütze durch die Gegend, andere flatterten in dünnen T-Shirts und kurzer Hose auf dem Rad über rote Ampeln.

Allen gemein war, dass sie, sobald sie irgendwo zum Stehen kamen, mit geschlossenen Augen und vorgezogenem Kinn debil in die Sonne grinsten.

Eigentlich ein guter Moment, um ein paar alte Rechnungen zu begleichen und einem Kreis ausgewählter Personen mit 'nem kräftigen Schlag in die Fresse das Jahr zu verkürzen.

Im Volkspark Friedrichshain rotierte schon wieder zuverlässig das sich in den kommenden Monaten immer mehr ausdünnende Sonnensystem aus Joggern, Inlineskatern und Kraftkreishorstis.

Sie alle umkreisten die Liegewiese, die bereits von einer gut hundert Meter langen Slackline durchschnitten war.

Was für den wolkenlosen Himmel die Kondensstreifen der

Flugzeuge, ist für die Liegewiese das Kunststoffband der Slackliner – eine mutwillige Zerkratzung der Aussicht.

Slacklinen empfinde ich ja als eine dieser unangenehm aufdringlichen Sportarten, die vermutlich mehr für den unbeteiligten Zuschauer, als für den aktiv Zitternden gedacht sind.

Wie ein Kind, das ständig schreit: „Guck' mal was ich kann, guck' mal was ich kann!", wackeln dünne Menschen auf 'ner schlappen Strippe zwischen zwei röchelnden Bäumchen um Aufmerksamkeit.

Und wenn sie runterfallen, tut man gut daran, sie nicht zu trösten, weil sie sonst sofort anfangen zu weinen.

Bei vielen Dingen im Leben fragt man sich ja: „Wo ist denn da der Haken?" Beim Slacklinen frage ich mich: „Wo ist denn da der Anreiz?" Sicherlich, balancieren ist 'ne schöne Sache.

Aber muss man es unbedingt vor den Augen hunderter unschuldiger Parkbesucher tun? Man fiebert als unfreiwilliger Betrachter ja auch immer so mit, weil man ständig denkt: „Wöööooooaaaaaäääääooouuuhhhöööööäääää!". Dabei wollte man sich doch eigentlich gerade ausruhen, bzw. entspannen, ja wahrscheinlich sogar intensiv dösen. Aber nein! Slackliner sind heutzutage das, was einstmals der Exhibitionist mit dem geöffneten Trenchcoat war – ein Erlebnis, das einen gleichermaßen schockiert, fesselt und erleichtert, weil man nicht in des anderen Haut steckt.

Ein Exhibitionist im Trenchcoat auf 'ner Slackline, das wiederum würde mein Auge völlig uneingeschränkt erfreuen, da hier sportlicher Ehrgeiz und hausgemachte Erotik auf so unterhaltsame Weise zusammenträfen.

(Hier bin ich vom Präteritum ins Präsens gerutscht, der Kenner wird merken, dass die Geschichte dadurch gleich unheimlich an Fahrt aufnimmt).

Ich schnappe mir meine Freundin Sauron. In meiner langen theoretischen Beschäftigung mit dem weiblichen Geschlecht hatte ich gelernt, dass ein Spaziergang in der Sonne auf Mädchen eine ähnliche Wirkung hat wie für uns Jungs ein Zungenkuss von Colt Seavers auf der Ladefläche seines Pick-Up-Trucks.

Heute ist es die Hölle. Mit Spazieren hat das Ganze wenig zu tun. Man hat mehr den Eindruck an einer 1. Mai-Demonstration im Jahre 1985 teilzunehmen. Fünf Minuten warten, zwei Minuten gehen, fünf Minuten warten, zwei Minuten gehen.

Die Tischtennisplatten neben dem Kinderspielplatz sind allesamt belegt. Mit fummelnden Pärchen. Eine größere Gruppe hat sich aus Platzmangel an Platte drei zum chinesisch Petting versammelt.

Im Café Schönbrunn stehen Menschen in langen zweireihigen Schlangen am Ausschank an.

Sogar die Kellner.

Mit Müh und Not finden wir einen Platz an einem Biertisch, der nostalgisch mit Spatzenkot vom letzten Sommer verziert ist. Uns schräg gegenüber sitzt ein frischverliebtes, dabei aber leider nicht sehr appetitlich anzusehendes Pärchen. Die beiden machen den Eindruck, als ob sie sich bei World of Warcraft im Verließ von Sturmwind kennengelernt hätten. Weiße, talgige Haut. Die Hosen zwei Nummern zu klein, die Sandaletten zwei Nummern zu groß und ihre raschelnden Blousons am Rücken mit getrockneten weißen Schweißrändern versehen, so, als hätte Bob Ross mal eben flüchtig mit Kreide eine Bergkette skizziert. Es gibt zwei Arten von Schweiß – den guten frischen, wie man ihn von Bauarbeitern kennt, wenn sie sich nach der Schicht in der Straßenbahn ihr wohlverdientes Feierabendbier einverleiben. Und den scharfen abgestandenen des stillen Masturbanten, der seit Tagen mit entzündeter Nülle vorm Rechner sitzt und sich ausschließlich mit Erdnuss-flips abtrocknet. Die beiden gehören leider in Kategorie 2.

Als die unschön verliebte Frau sieht, wie einem Mann am Nachbartisch die halbe Bulette aus der Hand fällt, muss sie so doll lachen, dass sie sich verschluckt und sich schließlich selber ein daumenkuppendickes Stück Bockwurst auf die Schulter hustet. Der Moment, in dem ihre stumpfen Augen verblüfft das noch dampfende Stück Bockwurst auf der Schulter bestaunen, das ist wirklich was ganz Besonderes. Das ist die Pille für den Mann. Da geht nichts mehr. Da verschwindet die Eichel, wie der Kopf einer Schildkröte bei Gefahr, komplett im Körper.

Wenn sie über ihr kleines Missgeschick wenigstens auch so lachen würde wie über den Mann mit der Bulette, aber nein, die unappetitlich Verliebte starrt nur eine ganze Weile mit offenem Mund auf das Stück Bockwurst, bevor sie es sich klammheimlich wieder zurück in den Mund schiebt. Ich muss würgen. Ich meine beim Kauf einer DVD wird man mit einem großen roten FSK-Logo auf der Hülle vor solch erschütternden Szenen gewarnt. Hier hatte es mich eben kalt erwischt.

Ich schaue mich um, ich muss meine Augen umgehend an etwas Schönes heften, wenn ich hier im überfüllten Biergarten des Café Schönbrunn nicht einen Domino-Day der ganz besonderen Art in Gang setzen wollte.

Ein weinendes Kind ist es schließlich, das mich wieder glücklich macht. Auffällig viele Kinder sind heute am Weinen. Sie haben ihre Laufräder und Kinder-Kinderwagen weggeschubst und schmollen nun zusammengekauert am Wegesrand, immer tunlichst darauf bedacht, ihren Eltern, egal von welcher Seite diese sich ihnen zu nähern versuchen, mit verschränkten Armen den Rücken zuzudrehen.

Vermutlich sind die Kleinen von der dem schönen Wetter geschuldeten Bewegungslust ihrer Eltern schlichtweg überrumpelt und pfeifen nun bereits auf dem letzten Loch. Viele Kinderbetten werden heute Abend leer bleiben.

Auf dem Nachhauseweg begegne ich an der Kreuzung Danziger/Ecke Greifswalder Straße einem alten Bekannten aus der Grundschule. Es ist Ronny Klobsche, der sich damals regelmäßig einen Spaß daraus gemacht hatte, in der großen Hofpause meine Brotbüchse aufs Dach der Turnhalle zu werfen.

Er hat sein Kinn vorgezogen und grinste mit geschlossenen Augen debil in die Sonne.

Glücklich balle ich meine Frühlingsfaust.

Wann, wenn nicht jetzt?

Herbert S. ging noch mal in sich. In wenigen Minuten würde
der 24-jährige, blondgelockte Jetpilot zum ersten Mal auf seine
heißgeliebte Internetbekanntschaft Lucie treffen und
sein dunkelstes Geheimnis lüften müssen:
Er hatte ein uneheliches Kinn.

Sommerferien Teil 1

Wenn in den großen Sommerferien schönes Wetter war, kramte ich meinen verfilzten grauen Tennisball aus dem Spielzeugbeutel unter der Badewanne, klingelte bei meinem Freund Wumme und wir gingen freiwillig zur Schule, um den Tennisball immer wieder gegen die Außenwand der Turnhalle zu werfen. Regeln gab es dabei keine. Nur auf das Flachdach dufte der Ball nicht fliegen, sonst war das Spiel vorbei.

Ansonsten saßen Wumme und ich die meiste Zeit auf der Teppichklopfstange vor unserem Haus und freuten uns, dass es so schön hoch ist. Wenn es am Tag davor geregnet hatte, spielten wir eine grobe Variante von Schiffe versenken.

Jeder von uns formte am Rand des Sandkastens mit den Händen ein U-Boot aus feuchtem Kies und verstärkte es dann so gut es ging mit Stöckchen. Sobald wir fertig waren, versuchten wir abwechselnd, das Schiff des Gegners mit einem großen Stein kaputt zu werfen. Ich liebte dieses Spiel, weil man so schnell Ergebnisse sah. Nicht wie bei „Krieg und Frieden", dem idiotischsten Kartenspiel aller Zeiten, wo man nie fertig wurde. Oder Rommé, wo man immer 'nen Riesentisch brauchte, um den Überblick zu behalten.

Wenn vorhanden, bauten wir aus Lockenwicklern und Luftballons Katschies und schossen mit kleinen Steinchen auf vorbeifliegende Vögel oder in die offenen Fenster und Münder unserer Nachbarn.

Manchmal gingen wir auch zu Sylvia Ahlmann. Ihre Eltern hatten ein Telefon.

Wir blätterten im Telefonbuch und die Leute mit den lustigsten Namen riefen wir an.

So erkundigten wir uns zum Beispiel bei Herrn Fischer, ob er wisse wie tief das Wasser sei oder bestellten bei Herrn Spreu zwei Weizen. So was eben. Einmal riefen wir bei unserem Fleischer am Clausthaler Platz an und fragten ihn, ob er denn auch Eisbein habe? Als er mit „Ja!?" antwortete, entgegnete Sylvi:

„Na dann machen Sie mal die Heizung an", und legte auf. Das war's. Wir kriegten uns den ganzen Nachmittag nicht mehr ein.

Wenn jemand aus unserer Clique einen Flummi dabei hatte, war der Tag gerettet. Mehr Spaß ging einfach nicht. Unsere alten Gummifußbälle waren inzwischen so schwach auf der Brust, dass sie, selbst wenn wir sie mit voller Kraft auf den Boden droschen, einfach liegen blieben. Da hätte man auch versuchen können, mit 'nem nassen Lappen zu dribbeln.

So ein Flummi war da schon ein ganz anderes Kaliber, ein anarchistisches Energiebündel, von dem man nie genau wusste, was es als nächstes vorhatte und wir folgten ihm irre lachend überall hin.

Einmal, als ich nicht dabei war, soll Daniel Blauert den Flummi so doll auf die Steinplatten beim Parkplatz geschleudert haben, dass er bis in den Wassereimer vom Fensterputzer vom Fernsehturm geflogen ist, der an dem Tag frei hatte und zwanzig Meter weiter sein Auto wusch.

Sobald die Dämmerung einsetzte, versammelten sich alle Kinder des Viertels an der großen Hofeinfahrt, um zwischen den bunten Garagenhäuschen Verstecken zu spielen.

Die, die rausflogen, nutzten die Pause, um in den Mülltonnen zu wühlen, in der Hoffnung auf irgendetwas wohlriechend Buntes aus dem Westen zu stoßen. Aber eigentlich gab's immer nur Asche. Manchmal qualmte es aus einer der Mülltonnen, weil jemand zu heiße Ofenasche hineingeworfen hatte. Dann verloren wir keine Zeit und schickten durch Öffnen und Schließen der Klappe Rauchzeichen nach Westberlin.

Dreimal kurz, dreimal, lang, dreimal kurz – das wusste jedes Kind.

Wir erhielten nie eine Antwort. Dennoch, über weite Entfernungen miteinander kommunizieren zu können ohne brüllen zu müssen, das war und blieb unser Traum. Mein Kumpel Wumme wohnte direkt neben mir, aber wir hofften immer darauf, dass einer von uns mit seinen Eltern in das Haus gegenüber zog, damit wir eine Strippe über die Straße spannen und bis tief in die Nacht hinein durchs Büchsentelefon miteinander telefonieren konnten.

Wir waren die Anführer der Fuchsbande.

Und auch die einzigen beiden Mitglieder.

Wir hatten viel vor.

Von Wumme habe ich zum ersten Mal das Wort „Fernsehverbot" gehört.

Er hatte Fernsehverbot bekommen, weil er wieder einmal Schnecken zertreten hatte. Das machte er schon seit dem Kindergarten.

Als unsere Erzieherin Frau Bierwagen ihn eines Tages dabei erwischte, war sie so wütend, dass sie ankündigte, Wumme vor'm Mittagsschlaf in unserem Gruppenraum ebenfalls zu zertreten. Damit er wisse, wie sich das anfühlt. Wir waren alle ganz aus dem Häuschen. Endlich war mal was los. Selbst Wumme hielt es vor Vorfreude kaum aus. Als Frau Bierwagen dann kurz nach 12 Uhr ihren rechten Jesuslatsch auf seinem vor Begeisterung bebenden Bäuchlein abstellte, war Wumme mit Sicherheit die einzige lachende Schnecke auf der Welt. Das hat ihm vermutlich das Leben gerettet. So richtig raufgestellt hat sich Frau Bierwagen jedenfalls nicht. Daher blieb die Moral der Vorführung leider ein bisschen auf der Strecke.

Wumme hatte nichts begriffen, geschweige denn etwas daraus gelernt.

Und nun hatte er Fernsehverbot. Wahnsinn!

Unsere Lieblingsfilme waren „Der Tank", „Convoy", „Auch die Engel essen Bohnen", „Zurück in die Zukunft", „King-Kong", „Critters", „Robinson Jr.", „Das Ding aus dem Sumpf", „Steiner – Das eiserne Kreuz" und „Rocky IV". Über Kreuz Seilspringen – wenn man das konnte, war man der King. Einmal hab ich sogar versucht, über Kreuz Rad zu fahren. Das kann ich allerdings nicht weiterempfehlen.

Mein Vater erzählte uns immer von einem Western, den er mal vor Jahren mit seiner Frau, die vor allem meine Mutti war, im Kino „Blauer Stern" gesehen hatte. Er behauptete, es wäre der beste Western aller Zeiten. Dann ging er zum Plattenschrank und spielte uns die Titelmusik vor.

Zuerst gab eine Mundharmonika eine bedrohlich jammernde Melodie von sich, nach etwa 50 Sekunden ertönte ein schwerer Glockenschlag und mein Vater sagte: „Jetzt hängt er!".

Mir stieg augenblicklich die Hitze in den Kopf. So etwas Packendes hatte ich bis dahin noch nie gehört. Wumme war auch ganz hin und weg. Bis dahin kannten wir eigentlich nur Shakin' Stevens aka. Schüttelstefan und Elvis Presley, den wir aber lieber Alvin Pressluft nannten. In meinem Kinderzimmer hing zudem ein Plakat von Precious Wilson. Meine Eltern hatten es mir von einem Konzert im Palast der Republik mitgebracht. Ich kannte Precious Wilson kaum, aber ich freute mich irgendwie trotzdem darüber, dass ich sie so lange anstarren durfte, ohne was zu ihr sagen zu müssen.

Von der Seite sah sie ein bisschen aus wie die schöne Freitag in „Robinson Jr.". Sie hatte unendlich viele weiße Perlen in ihren geflochtenen schwarzen Haaren.

Wenn Precious Wilson ihren Kopf schnell drehte, klang es wie bei Blauerts im Neubau mit dem Fahrstuhl, wenn man durch den Muschelvorhang im Wohnzimmer ging. Das wusste ich aus dem Fernsehen. Da hat Precious Wilson mal mit Helga Hahnemann zusammen das „Knäckebrot-Lied" gesungen. Das war noch Musik. Und zwar keine schöne. Eher so, wo man denkt, huch, jetzt wird's aber unangenehm. Zum Glück hat dann aber irgendwann das gesamte Publikum mitgeklatscht. Und zwar auf'n Punkt, 1,2,3,4, 1,2,3,4, nicht so wie heute, wo man sich als Helene Fischer beim Konzert doch irgendwann fragen muss, ob die Leute über Walkman eventuell ganz andere Musik hören. Aber so ist das nun mal, wenn Affen Gefühle zeigen. Da zählt allein die Geste.

Das mit dem Händeklatschen kriegte ich immer 1a hin. Aber das mit dem Fingerzeigen, das war so eine Sache. Wenn ich in der Schule an die Karte gerufen wurde, wünschte ich mir immer so tun zu können, als ob ich ohnmächtig werde. Geographie war für mich noch schlimmer als Sport. Da hätte man genauso gut eine Stabheuschrecke anstelle meiner vor einen Globus setzen und die Hauptstädte der Welt abfragen können. Wahrscheinlich würde ich dem Insekt sogar den Schnitt versauen. Immerhin, mittlerweile habe ich mir wenigstens gemerkt, dass die Hauptstadt von Australien gar nicht Sidney ist, sondern Cranberry.

Sommerferien Teil 2

Wummes Vater war Koch auf einem Frachter und hatte von seinen Reisen nach Kuba, Amerika und Mexico allerhand Souvenirs mitgebracht. Farbenprächtige indianische Pergamentmalereien. Eine tote Schlange in einer Flasche, ein ausgestopftes Babykrokodil, zwei riesige hölzerne Voodoo-Masken und einen von innen beleuchteten Globus.

Ich konnte mich einfach nicht satt sehen. Licht an, Licht aus. Licht an, Licht aus.

Die größte Attraktion in unserem Haushalt war das Aquarium mit den bunten Neonsalmlern und ein Buch über Meerestiere, in dem es ein Foto von einem Sägefisch zu sehen gab. Immer wieder schauten wir uns das Bild an. Ein Sägefisch. Wahnsinn. Wenn der unser Kumpel wäre. Wie die anderen gucken würden. Wir könnten die Schubkarre aus'm Gemeinschaftskeller mit Wasser füllen, ein Prise Salz rein, den Sägefisch rein und dann gemeinsam in' Wald und ein Baumhaus bauen.

Ein Affe – das wäre auch noch was. Ein Affe als Kumpel, der anderen Leuten die Mützen klaut und beim Lachen immer so lustig mit den Ohren schlackert.

Einmal erzählte uns Herr Wummitz, dass sie, als sie mit dem Schiff in Amerika anlegen wollten, von Indianern mit Pfeilen beschossen wurden. Ihn selber hätte ein besonders großer von hinten an der Schulter erwischt. Wir glaubten ihm kein Wort. Dann zeigte er uns die große Narbe auf seinem Schulterblatt. Wahnsinn! Indianer. Das hatten wir den Apachen gar nicht zugetraut. Erst Jahre später erfuhren wir, dass die Indianer Herrn Wummitz nie getroffen hatten, weder persönlich noch in den Rücken. In Wahrheit war er im Palast der Republik betrunken die Treppe runtergefallen und mit der Schulter auf dem Türstopper gelandet.

Wenn meine Eltern gleichzeitig Urlaub hatten, verbrachten wir die Sommerferien im Garten. Ich arbeitete mit meinen Kumpels, den Zuckermann-Zwillingen, wie besengt zwischen den Holunderbüschen am Ausbau unserer unterirdischen Wohnung.

Das durfte doch wohl nicht wahr sein, alles voller Wurzeln und immer noch kein Teddysand in Sicht!

Unsere Eltern arbeiteten währenddessen wie besessen auf der Veranda am Ausbau ihrer Lebern.

Dann wurden die guten Gläser aus erster Ehe rausgeholt und pausenlos getrunken, gelacht und geraucht. „Aber nur wegen der Mücken!", wie mir meine Mutter immer wieder kichernd versicherte.

Nachdem eines Abends im Fernsehen der chinesische Straßenfeger „Kung-Fu – Die Tochter des Meisters" ausgestrahlt wurde, spekulierten wir alle darüber, ob es wirklich möglich sei, Bretter oder Ziegelsteine mit der bloßen Handkante zu zerbrechen. Wir Kinder trauten uns nicht. Mein Vater und unser Gartennachbar Kurt Zuckermann waren sich jedoch einig, dass das doch absolut kein Problem sei und begannen umgehend damit, abwechselnd Rekord-Briketts vor der Hundehütte zu zerschlagen.

Kurt Zuckermann schaffte drei, mein Vater zwei. Am dritten biss er sich die Zähne aus. Trotz unzähliger weiterer Versuche wollte es ihm einfach nicht gelingen, die Kohle zu knacken. Am nächsten Morgen war er ungewöhnlich ruhig und blass. Papas Hand sah aus wie in einem Zeichentrickfilm und Kurt Zuckermann wollte ständig Mittagsschlaf machen.

Die Erwachsenen waren verrückt! Mittagsschlaf! Wie konnte man nur freiwillig Mittagsschlaf machen?

Es gab doch noch so viel zu erledigen!

Hinten auf dem Feld, auf dem halb verfallenen Grundstück, wo der Verrückte immer mit sich selber im Chor singt, da soll es einen Klarapfelbaum geben, dessen Äste weit über den Zaun ragen. Wenn wir genug Äpfel pflücken würden, dann könnte ich endlich mit dem fliegenden Fahrrad die Welt umrunden und würde nie Skorbut kriegen! Das fliegende Fahrrad war eine ziemlich simple Konstruktion. Über die Pedale trieb man anstelle des Hinterrades zwei große Schwingen aus Leisten und doppeltem Zeitungspapier an. Man musste nur eine abschüssige Straße runterrollen, ordentlich antreten und schon war man in der Luft. Wenn man so jung und leicht war wie wir.

Je größer man wurde, desto doller musste man treten, um abzuheben. Und irgendwann klappte es überhaupt nicht mehr.

Daher verstand ich nicht, warum sich mein Vater beim Bau des fliegenden Fahrrads so viel Zeit ließ. Ich hatte ihm doch mehrfach versucht zu vermitteln, wie wichtig mir dieses Fortbewegungsmittel sei, um in der Welt meinen Platz zu finden.

Die Enttäuschungen nahmen kein Ende.

Der selbstgebaute Bumerang kam nur zurückgeflogen, wenn von links ein kräftiger Wind wehte. Colt Seavers brauchte angeblich eine Rampe, um über die Straßenbahn zu springen. Kröten konnten nicht schwimmen und „Opa Langbeins" Beine wuchsen gar nicht nach.

Nur eine Legende hielt sich wacker bis zum Ende der Sommerferien:

Wenn man seinen Arm über Nacht in Kartoffelbrei einwickelt und sich am nächsten Morgen aufstützt, bricht man ihn sich sofort, weil die Kartoffelstärke den Knochen aufgeweicht hat.

Am letzten Ferientag, wenn man schon wieder im Hellen ins Bett musste, weil am nächsten Tag Schule war, konnte ich immer nicht einschlafen. Ich dachte dann das war's. So schön würde es nie wieder werden. Das einzige Abenteuer, das einem nun noch blieb, war kippeln.

Ab morgen würde ich für den Rest meines Lebens in einem stickigen Klassenzimmer sitzen und unentwegt etwas mitschreiben müssen. Da war ich mir sicher.

Ich hatte schon so lange nichts mehr geschrieben. Meine eigene Handschrift nach den großen Sommerferien – davor graute mir am meisten.

Mit bebendem Kinn schaute ich aus dem Fenster. Der Himmel war aus purem Gold. Ein Vogel, dessen Namen ich nicht kannte, zwitscherte eine unverschämt traurige Melodie.

Eins war mal klar: Später, wenn ich Förster bin und weiß, wie er heißt, schieße ich ihn tot.

Hier ein seltener Schnappschuss des Naumburger Kolibri-Jungen
beim Überfliegen des Freibades Heimarshausen.

Der alte Mann und der Sauerbraten

„Na, eine Nacht werden sie wohl ohne aushalten!", bemerkte der Rezeptionist recht schnippisch bei unserer Ankunft. Sicher hätten wir eine Nacht ohne Fernseher in Dresden ausgehalten, wenn die Betreiber des Hotels „Hofgarten 1824" nicht da, wo eigentlich das elektrische Fenster zur Welt hätte stehen können, ein Bild aufgehängt hätten, das allem Anschein nach von einem depressiven Serienkiller mit etwas Holzkohle und den abgeschnittenen Testikeln seiner Opfer auf Leinwand gerieben wurde. Nüchtern betrachtet handelte es sich bei dem Bild nur um eine medizinballgroße Zitrone nebst weißer Blüte. Aber der Künstler hatte sich beim umranden der Südfrucht offensichtlich in Rage gemalt. Kein Zweifel.

Es muss Stunden gedauert haben, das Bild so zu versauen. Und nun hatte man es hier in diesem Zimmer aufgehängt, als Ersatz für einen nicht vorhandenen Fernseher. Damit es dem ahnungslosen Gast beim Betreten der Nachtstätte augenblicklich jede Zuversicht aus den Pupillen saugte. Wie viele Menschen vor uns hatten diese Tür hier wohl mit vollem schwarzem Haar geöffnet und mit schlohweißem Strähnen gleich wieder geschlossen? Ich bekam in der Nacht jedenfalls kein Auge zu.

Umso glücklicher war ich daher nun, an einem sympathisch wackelnden Cafétisch vor dem Coselpalais in der belebten Dresdener Altstadt zu sitzen und aus Gründen der psychischen Hygiene so lange in die Sonne gucken zu können, bis mir die Augen tränten und sich der 150 Millionen Kilometer weit entfernte Himmelskörper in meine

Netzhaut kopiert hatte. Nun erstrahlte er auch grünschimmernd hinter meinen geschlossenen Lidern. Die mörderische Zitrone war damit so gut wie gelöscht.

Jetzt sah ich eigentlich nur noch Sonne, egal wo ich hinschaute. Hihi. Ich musste lachen. Das war echt ein guter Trick.

Vor der Frauenkirche wartete eine chronische Schlange quietschbunt gekleideter Orgelfans auf Einlass.

Wie schön sie doch war, die Frauenkirche. 90-60-90 und ein Kreuz auf'm Kopp. Als Kind kannte ich sie ja nur als Trümmerhaufen. Jetzt stand sie da, in praller Pracht, und ich war der Trümmerhaufen. Ein vom Leben enttäuschter, phlegmatischer Sack, der seine geschundene Seele mit Sarkasmus düngte. Wenn man, wie ich, faul war und trotzdem wütend, blieb einem eben nur Sarkasmus.

Sauron lächelte sanft und glücklich. Sie hatte gerade wieder eine Runde Quizduell gewonnen. Seitdem dieses wundervolle Spiel 70% ihrer täglichen Aufmerksamkeit beanspruchte, war unsere Beziehung perfekt.

Sauron wurde immer klüger und stellte mir nicht andauernd Fragen:

„Martin, warum kommt der Regen eigentlich nicht von unten, dann wäre er doch gleich da wo er hingehört, das wäre doch viel praktischer, oder ja?!"

„Martin, warum essen Hunde nicht mit dem Po?"

„Warum sieht man Grillen im Sommer eigentlich nie grillen?"

Manchmal verfluchte ich ihre Schönheit. Ich ließ ihr einfach zu viel durchgehen.

Wäre sie hässlich, hätte ich sie schon längst verlassen, denn das was sie als „Gedanken" bezeichnete, war in Wirklichkeit nichts als gequirlte Scheiße.

Wie bei einem vom Fieber gepeinigten Kleinkind, purzelten unentwegt unsortierte Worte aus ihrem Mund, aus denen ich mir dann ein halbwegs unterhaltsames Gespräch zusammenfriemeln durfte. Es war die Hölle. Aber wenn sie so vor mir saß, mit ihren Beinen hinter den Ohren, dann wurde mir auf einmal wieder klar, wie sehr ich sie doch liebte.

„Warum essen Hunde eigentlich nicht wirklich mit dem Po, dann könnten sie beim Kacken mit den Zähnen lustige Muster in die Würste schaben?"

Vielleicht hatte ich Sauron unterschätzt?!

Ich hatte mir ein Kännchen Kaffee bestellt. Das glasierte Porzellan reflektierte die Sonne in strahlendem Weiß. Ein Kännchen Kaffee zu bekommen ist heutzutage ja gar nicht mehr so einfach.

„Kännchen haben wir nicht, sie können aber einen großen Pott Kaffee haben."

„Nein, das möchte ich nicht."

„Das ist aber das gleiche!"

„Nein, ist es nicht."

„Doch."

„Nein, ist es nicht."

„Doch."

„Nein. In einem Pott sehe ich alles, was es für mich zu trinken gibt, auf einmal. Mit dem Kännchen kann ich mir so viel in die Tasse gießen, wie ich will, und nie weiß ich genau, wieviel noch drin ist. Weil ich das exakte Eigengewicht des Kännchens nicht kenne und aus blankem Sportsgeist natürlich auch nicht heimlich hineinschaue. Wird es wirklich noch für eine weitere Tasse reichen? Man weiß es nie. Das macht Kaffee trinken zu einem kleinen Abenteuer. Der Pott Kaffee ist ein Säckchen Gold, das Kännchen ein Geldautomat mit unbekanntem Inhalt. Und ich lebe am Limit, ich gehe immer auf Risiko. Außerdem bleibt der Kaffee im Kännchen länger warm."

Hier im Coselpalais wurde meine Bestellung eines Kännchens Kaffee anerkennend entgegengenommen. Das anfänglich gebotene Misstrauen zwischen Gast und Ober war damit schlagartig verpufft.

Ein alter Mann betrat den von der Sonne aufgewärmten Kaffeegarten und nahm zwei Tische vor uns umständlich Platz. Er war mager und schon ein wenig krumm. Aus seinen blutunterlaufenen Augen war jeder Glanz gewichen. Auch sein Haar war nur noch als Skizze auf dem Kopf zu erkennen. Es machte den Eindruck, als ob ihm auf dem Rummel ein paar Fusseln von der Zuckerwattemaschine auf die Glatze geflogen wären, die nun bei jedem noch so kleinen Lüftchen die Richtung des Windes anzeigen.

Der alte Mann schaute nur kurz in die Karte und bestellte: „Ein Radeberger und einen Sauerbraten sächsischer Art bitte."

Der Ober nickte verschwörerisch und entfleuchte mit demütiger Geste.

Jetzt schaute ich in die Karte. „Sächsischer Sauerbraten auf Rosinensoße, dazu Rotkohl mit Preiselbeeren und Kartoffelklöße." Heiliger Salzstreuer!

Unwillkürlich schoss mir ein feiner Speichelstrahl aus dem Mund einmal längs über die Tischplatte.

Das passierte mir in letzter Zeit ständig bei der plötzlichen Aussicht auf eine unerwartete Zwischenmahlzeit.

Wahrscheinlich war ich der späte Abkomme einer uralten Giftschlangendynastie.

„Sächsischer Sauerbraten auf Rosinensoße, dazu Rotkohl mit Preiselbeeren und Kartoffelklöße." Ein zweiter, dünner Strahl schoss aus meinem Mund und legte sich quer über Saurons Handydisplay, wo er offensichtlich die Lösung verfälschte.

Ihr zorniger Gesichtsausdruck ließ zumindest keinen

Zweifel daran, dass diese Runde Quizduell verloren war. Um mich von ihrem vorwurfsvollen Blick nicht in Mitleidenschaft ziehen zu lassen, konzentrierte ich mich wieder auf den alten Mann mit dem wehenden Zuckerwattehaar. Wie er so dasaß.

Irgendwann würde ich auch mal so aussehen. Wenn ich nicht schon vorher den Löffel abgebe. Das Alter und der Tod. Das waren zwei Dinge, die ich immer noch nicht ganz verstand. Es war, als ob man unentwegt an einer Klassenarbeit schrieb und nie genau wusste, wann die Lehrerin kommt, um die Blätter einzusammeln.

Ob der alte Mann schon zu Ende geschrieben hatte und jetzt nur noch gelangweilt auf dem letzten Blatt Papier rumkritzelte? Oder war er auch noch lange nicht fertig, so wie ich? Irgendetwas schien ihn jedenfalls zu beunruhigen. Obwohl der Kellner gerade erst verschwunden war, schaute der alte Mann sich in einem fort nach ihm um.

Was mich nur eine einfache Kopfbewegung kostete, beanspruchte bei ihm inzwischen das Wenden des gesamten Oberkörpers unter Zuhilfenahme der Hände, die sich zitternd auf den Armlehnen des Caféstuhls abstützten. Mein Gott, was musste das für ein Essen sein! Sauerbraten sächsischer Art.

Obwohl ich gar nicht das Recht dazu hatte, tat mir der alte Mann leid.

Seine Augen waren müde; die Pupillen konturlos, wie ein verlaufenes Aquarell. Vermutlich gab es auf der ganzen Welt keinen Witz, den er noch nicht gehört hatte. Warum saß er alleine hier? Wo war seine Frau? Wo waren seine Kumpels? Wo waren seine Kinder? Vielleicht war er einfach gerne für sich.

Vielleicht war seine Frau nach langer schwerer Ehe verstorben und nun, nachdem er monatelang an ihrem Dahinscheiden geknabbert hatte, begann er damit, zum ersten Mal in seinem Leben, zaghaft von der süßen Frucht der Freiheit zu naschen. Ständig das schlechte Gewissen im Nacken, weil er doch eigentlich immer noch viel trauriger sein müsste, als er es im Augenblick wirklich war.

Vielleicht war der alte Mann aber auch sein Leben lang überzeugter Junggeselle und seine Liebe galt ausschließlich dem Spinett und der Euthanasie. Keine Ahnung, ich kannte ihn ja nicht. Ich konnte nur spekulieren.

Ob er mich auch schon ins Visier genommen hatte und sich Sorgen um mich machte? Wie er da so völlig zerpflückt vor sich hin vibrierte. Es blieb dabei, er tat mir einfach leid.

Dann passierte etwas Erstaunliches. Als der Ober mit dem Sauerbraten sächsischer Art in Sichtweite kam, war es, als würde ein Blitz den Körper des alten Mannes durchzucken. Wie ein Kleinkind, das gerade sein Lieblingsessen serviert bekam, wippte er, hysterisch in die Hände klatschend, auf seinem Stuhl auf und ab und rutschte, nachdem der Ober den Teller abgestellt hatte, soweit auf der Sitzfläche nach vorne, bis sein Brustkorb die Tischplatte berührte. Dann drehte er sich den Teller so zurecht, dass die zwei Kartoffelklöße nach links zeigten und der Rotkohl auf 12 Uhr über dem Sauerbraten thronte, rollte hastig das Besteck aus der Serviette und begann ohne Umschweife das Gericht durchzumauken. Das hieß, er drückte, riss und quetschte alle festen Bestandteile der Mahlzeit in die Rosinensoße und verrührte alles zu einem unanständig schmatzenden Brei, welchen er sich nun zügig, aber ohne Hast, mit dem Gesichtsausdruck eines verliebten Engels auf gehäuften Gabeln in den Mund schob.

Bei jedem Bissen verschwanden seine Pupillen hinter der Stirn. So vorzüglich mundete es ihm. Zwischendurch trank er immer wieder einen Schluck Bier, wischte sich vor Wonne stöhnend den Schaum von der Oberlippe und stürzte sich sogleich wieder jauchzend kopfüber in seinen frisch gemaukten Sauerbrei sächsischer Art.

So sehr wir uns auch bemühten, bei so viel Hochgenuss konnten wir zwei nicht mithalten.

Sauron hatte sich eine Käseplatte bestellt, die wie der Name schon vermuten ließ, hauptsächlich aus plattem Käse bestand. Ich hatte mich für einen Fischtopf „Provenzialische Art", eine tomatierte Fischbouillon mit Fischfilet, Muschelfleisch, Garnele und frischem Marktgemüse, entschieden. Was ich bekam, war eine Integralhelmgroße Terrine für deren Trockenlegung selbst der Riese Timpetu mehrere Anläufe gebraucht hätte. Jetzt tat ich mir plötzlich selber leid.

Wie ich da so verzweifelt in meiner nicht weniger werden wollenden Fischsuppe buddelte, während Sauron tapfer auf einem Stück Halloumi-Käse rumkaute, das dermaßen quietschte, dass sich die übrigen Gäste verblüfft zu ihr umschauten, weil es klang, als hätte sie eine kleine Möwe in ihrem Mund versteckt.

Der alte Mann bekam von alledem nichts mit. Er war gerade dabei, seinen Teller abzulecken.

Seine Wangen hatten eine frivole Röte angenommen. Schwer brustatmig legte er einen Schein und ein paar Münzen auf den Tisch und verließ das Café mit der Aura einer gerade heimlich vom Knecht durchgebumsten Hausmagd. Ich beneidete ihn.

Ich kämpfte mit meinem Fischtopf. Es war aussichtslos. Inzwischen ging es eigentlich nur noch darum, den Suppenspiegel zu halten, indem ich schneller löffelte, als mein Schweiß von den Schläfen in die Terrine tropfte. Sauron sah aus, als hätte sie Tollwut. Es war der französische Weichkäse, der ihr in schaumigen Blasen aus den Mundwinkeln schlug. Ihr Teller war jetzt leer. Nur eine einzelne Physalis lag noch da. So ganz hatte ich diese Frucht nie begriffen. Die Physalis war für mich so etwas wie die Banane unter den Kirschen. Irgendwie nutzlos.

Und dass man auch immer die trockenen Blätter so ordinär nach hinten klappen musste, damit man an die saftige Kuller kam, das mochte ich nicht. Beim Verzehr hatte ich jedes Mal das Gefühl einer Frau den Kitzler abzubeißen.

„Noch ein Dessert?", erkundigte sich der Ober, als er Saurons Teller abräumte.

„Vielleicht einen Espresso oder ofenwarmen Apfelstrudel. Wir haben auch eine große Auswahl an feinsten Kuchen!"

„Was für Kuchen gibt's denn?"

„Schmandkuchen, Apfelkuchen, Kirschkuchen mit Streusel, Aprikosenkuchen, Donauwelle, Eierschecke und Bienenstich!"

„Und Pansenstich, haben sie auch Pansenstich?", fragte ich mit zitternder Stimme.

Der Kellner schaute in meinen Fischtopf.

„Heiliges Quarkkeulchen!", sagte er. „Die Suppe so durchsichtig zu löffeln, das hat bisher nur ein einziger Gast geschafft. Und bei ihnen ist sie ja noch nicht mal übergelaufen! Sie schwitzen wohl kaum? Irre, dass sie hier überhaupt noch aufrecht vor mir sitzen können. Die Terrine ist doch so groß wie ein Integralhelm. In der Küche lachen immer alle, wenn sie bestellt wird. Die unanständige Größe des Fischtopfes soll eigentlich die nimmersatte Maßlosigkeit unserer modernen Gesellschaft persiflieren! So richtig zum Aufessen ist sie überhaupt nicht gedacht."

„Aber wer denkt sich denn so was aus, wo bleibt dann da die Achtung vor dem Gast?"

„Die Achtung vor dem Gast folgt sofort in Form einer kleinen Aufmerksamkeit auf Kosten des Hauses."

„Mit den besten Grüßen aus der Küche! Unser Koch kann nämlich nicht nur verdammt gut kochen", sagte der Ober stolz, als er mir keine drei Minuten später ein auf gerahmter Leinwand gemaltes Stillleben einer medizinballgroßen, schwarzumrandeten Zitrone nebst Blüte überreichte.

Ich traute meinen Augen kaum.

„Ich glaube jetzt verliere ich den Verstand."

„Na eine Nacht werden sie wohl ohne aushalten!", hörte ich ihn noch sagen.

Dann wurde es dunkel.

Eigentlich sollten die tausenden Besucher des Steigerwald-
Stadions in diesem Moment mit ihren farbigen Tafeln den
Schriftzug „Wohlklang ist der Welten Lohn!" bilden. Aber schon
nach den ersten Tönen der Erfurter Querflötenbrigade „Schiefer,
Ton und Kohle" hatten alle nur noch ein Ziel:
den Notausgang in der Mitte der Tribüne.

Das Gesamtpaket

Gestern stand wieder einmal unser Hausseelsorger von „Kabel Deutschland" vor der Wohnungstür und klingelte Sturm. Obwohl ich ihm schon längst geöffnet hatte. Er war ganz außer Atem. „Mein Gott!", schnaufte er, „die anderen im Haus wissen es schon längst. Sie sind der Letzte!"
Ich schaute zur gegenüberliegenden Wohnung.
Mein Nachbar und seine Familie standen jeweils mit einem Glas Hugo bestückt im Türrahmen. Sie hatten die Arme umeinander gelegt. Mit Tränen puren Glückes in den Augen und hoffnungsvoll gefalteten Fäustchen vor den bebenden Lippen nickten sie mir gütig lächelnd und aufmunternd zu.
„Um was geht's denn?", fragte ich den Kabel-Deutschland-Seelsorger neugierig.
„Um unser neues Gesamtpaket."
„Aha, was is'n da drin?"
„Alles! Telefon, HD-Fernsehen, Internet, einfach alles."
„Und so ein kleines Tüllenschwämmchen, damit die Teekanne nicht mehr tropft? Ist das da auch drin?".
„Nein, kein Tüllenschwämmchen."
„Dann ist der Name ‚Gesamtpaket' hier meines Erachtens etwas unglücklich gewählt."
„Gut, sie haben recht, ich versuche es noch einmal präziser: Es geht hier um ein Gesamtpaket im Bereich der Telekommunikation sowie des Info- und Entertainments."
„Und was is' da nochmal alles drin?"
„Telefon, HD-Fernsehen, Internet!"
„Können sie das bitte noch mal wiederholen?"
„Telefon, HD-Fernsehen und Internet!"

„Es ist ganz seltsam. Die ersten beiden Worte kommen mir irgendwie bekannt vor, aber das letzte löst überhaupt keine Emotionen in mir aus. Können sie es bitte noch einmal für mich wiederholen?!"

„Internet."

„Tut mir leid. Ich habe nicht den blassesten Schimmer. Wozu soll denn das gut sein?".

„Internet? Sie kennen Internet noch nicht?"

„Nein."

„Na mit dem Internet kann man von Zuhause aus in Windeseile Informationen und Nachrichten aus aller Welt beziehen!"

„Aber dafür gibt's doch schon Videotext!"

„Noch schneller!"

„Noch schneller als Videotext?! Sie wollen mich wohl veräppeln, mir hier unter dem Deckmäntelchen der Nächstenliebe Schnurrpfeifereien, Brimborium und pseudofuturistischen Kokolores aufnötigen. Von Leuten wie ihnen habe ich doch erst letztens auf Texttafel 541 gelesen!"

„Sie wollen mir doch nicht weismachen, dass Sie sämtliche Informationen zum Weltgeschehen allein aus dem Videotext beziehen?"

„Na und ob, ich surfe nun mal gerne im Videotext. Da steht alles drin, was ich brauche. Wussten sie zum Beispiel, dass sich Ulla Zitelmann in den 80ern eine Fensterglasbrille angeschafft hat, um die Nachrichten im NDR-Fernsehen seriöser präsentieren zu können?"

„Nein."

„Sehen sie. Und dass der Borstenwurm Platynereis dumerilii zwei innere Uhren besitzt, von denen eine vom Mondlicht gesteuert wird, davon haben sie vermutlich auch noch nie gehört?"

„Nein."

„Und dass Margaret Thatcher maßgeblich an der Entwicklung des Softeises beteiligt war, was ihr umgehend den

Spitznamen die ‚Softeiserne Lady' einbrachte, ist ihnen wahrscheinlich auch neu?!"

„Ja!"

„Können sie das Wort bitte noch einmal für mich wiederholen?".

"Internet."

„Tss, na gut, ich mache mich mal bei der Community im Teletext schlau, was ich davon zu halten habe. Kommen sie doch morgen nochmal rum."

„Wie sie möchten."

„Sie laufen auf dem Rückweg nicht zufällig die Winzstraße hoch?"

„Doch, wieso?"

„Wären sie dann vielleicht so lieb, diese Videokassette für mich abzugeben? Keine Sorge, ich habe zurückgespult. Michael Dudikoff ist echt der beste Schauspieler der Welt. Obwohl, Stopp – Wings Hauser; Wings Hauser ist der beste Schauspieler der Welt."

„Wer?"

„Wings Hauser!

„Sagt mir nichts."

„Wings Hauser! Beastmaster II – Der Zeitspringer!"

„Hä?!"

„Wings Hauser aus ‚Harte Männer tanzen nicht'"

„Ich verstehe kein Wort."

„Sie wissen ja überhaupt nichts. Wohl schon lange keinen Blick mehr in die Pop Rocky geworfen? Armes Deutschland kann ich da nur sagen. Armes Kabel Deutschland."

Man sieht das ja selber nicht, weil man während des Sendevorgangs meistens in der Wohnung sitzt, aber so sieht es von draußen aus, wenn man seine Daten in die iCloud hochlädt.

Hühnersuppe

Immer, wenn ich traurig bin, riecht's in meiner Wohnung nach Hühnersuppe. Obwohl überhaupt keine Hühnersuppe in der Nähe ist. Das macht mich jedes Mal ganz kirre, weil ich dann auf einmal überlege, ob ich nicht eventuell wirklich Appetit auf Hühnersuppe haben könnte. Was aber meistens gar nicht der Fall ist, weil ich Hühnersuppe eigentlich, wenn überhaupt, nur aus medizinischen Gründen zu mir nehme. Wenn ich 'nen Kater habe, oder 'ne Grippe, oder Heimweh. Aber ansonsten bevorzuge ich schon deutlich exotischere Gaumenfreuden.

Mon Cheri zum Beispiel. Damit hat Reinhold Messner ja alle Achttausender bestiegen. Mit 'ner Handvoll Mon Cheri in den straffen Backentaschen, einem leichten Bolerojäckchen über dem drahtigen Leib und 'ner Propellermütze auf'm Kopp. Mehr brauchte Reinhold nicht. Der Rest war reine Willenskraft.

Das muss man sich mal vorstellen:

Vierzehn mal ist Reinhold Messner achttausend Meter hoch geklettert ohne zusätzlichen Flaschensauerstoff! Obwohl man hier einräumen muss, dass es sich bei dem Wort Flaschensauerstoff um einen Begriff aus dem Proletarierslang handelt. Und so wie „Bauarbeitermarmelade" dort nur eine liebevolle Umschreibung für „Hackepeter" ist, steht das Wort „Flaschensauerstoff" hier selbstverständlich für Bier. Reinhold Messner hat also vierzehn Mal alle Achttausender ohne Bier bestiegen.

Nur mit Mon Cheri, Bolerojäckchen, Propellermütze und Willenskraft.

Das ist doch irre!

Ich selber habe ja auch mal eine Zeit lang Bolerojäckchen getragen, damals 1987. Gezwungenermaßen. Bei uns in der Familie lief das ganz einfach: Sobald das Westpaket auf dem Wohnzimmertisch stand und die letzte Schnur durchtrennt war, hieß es zugreifen ohne Rücksicht auf die Sippe. Es war so eine Art Blutrausch, der unsere Familie überkam.

Ein jeder sonderte gellende Schreie aus und rollte irre mit den Augen, um seinen Nächsten zu verunsichern. Erst wenn wir uns wirklich 100%ig sicher waren, dass für die anderen rein gar nichts mehr übrig blieb, verschwanden wir in den feuchten Räumlichkeiten unserer übersichtlichen 2-Zimmer-Wohnung und begannen hastig damit, uns die Beute schmückend um den Leib oder schmatzend in den Mund zu werfen.

Nach etwa 15 Minuten trafen wir uns dann alle wieder im Korridor, um anzugeben. Dabei war es von großer Bedeutung möglichst cool und gefasst zu wirken. Auch wenn man totalen Scheiß erwischt hatte.

Meine Mutter hatte sich zwei Toffifees in die Augenhöhlen geklemmt und blätterte interessiert in der BRAVO. Obwohl sie nichts sehen konnte, lachte sie zwischendurch immer wieder vergnügt auf. Es war ridikül. Ich schämte mich ein wenig für sie. Mein Vater stand lässig im Türrahmen des Wohnzimmers und aß ganz langsam zwei Duplos auf einmal, während er mir aufmüpfig und gelangweilt zugleich in die Augen schaute und genüsslich in sich hinein brummte. Dann drehte er sich um, um mir die zwölf Duploaufkleber zu zeigen, die bereits seinen Rücken zierten.

Er hatte die ganze Packung verputzt. Ich hätte ihn erwürgen können, wie er so da stand, mit seinem Schokomäulchen, die linke Hand bis zum Anschlag im frisch durchstochenen Nutella-Glas versenkt.

Ich selber war mit meiner Ausbeute nicht ganz so zufrieden.

Ich hatte in der Hektik den Überblick verloren. Da stand ich nun in meinem neuen Bolerojäckchen und dem Glas bitterer englischer Orangenmarmelade und versuchte die Tränen der Enttäuschung zurückzuhalten. Ein sinnloses Unterfangen. Mein Kinn zitterte bereits, als würde ich ganz hastig kleine Nüsschen kauen. Und dann brach es aus mir heraus:

„QQQQQQUUUUUUUIIIIIEEKKK!"

Meine Mutter ließ augenblicklich die BRAVO sinken und schaute mich mit großen Toffifee-Augen an.

Sie sah aus wie ein staunender Uhu.

Mein Vater wiederum ballte seine Hand im Nutellaglas zur Faust.

Er war außer sich:

„Du verwöhnter Bengel! Die Jacke ist doch total schick. Da würde sich der kleine Muck vor Freude alle zehn Finger ablecken. Und die bittere englische Orangenmarmelade, das ist was ganz was Feines! Wenn Du da so auf ein Stück Schale beißt, dann entfaltet sich ein Geschmack – dreimal so intensiv wie der eines alten feuchten Scheuerlappens. Richtig gehört. Die englische Marmelade knallt wie 'ne Backpfeife.

Da kann das Schweppesgesicht einpacken, Du pubertierender Hautsack mit Fressluke! Du weißt doch überhaupt nicht, welche Schätze Du da Dein eigen nennst."

Meine Mutter hatte sich vor Wut ein Auge rausgenommen und nickte zustimmend. Dann zeigte sie mit strenger Miene in Richtung meine Zimmers und sagte:

„Vater hat Recht, Du undankbarer Homunkulus. Geh, verschließ die Tür hinter Dir und schweige!"

„Jawohl, Mutter", entgegnete ich, knickste höfisch und tat, wie mir geheißen. Im Gegensatz zu Vater war Mutter ein Riesenfan der barocken DEFA-Serie „Sachsens Glanz und Preußens Gloria". Seit ich mitgekriegt hatte, dass „Sachsens

Glanz und Preußens Gloria" vor allem durch das zuverlässige Aufblitzen barocker Busen glänzte und glorierte, war ich ebenfalls darauf bedacht, keine Folge dieses TV-Wunderwerkes zu verpassen. Mutter und ich verbrachten die Weihnachtfeiertage und -abende des Jahres 1987 somit hauptsächlich vor dem Fernsehgerät, während Vater unten im Keller an seiner Drechselbank saß, um unserem verspäteten, weil angeblich unheimlich aufwendigen Weihnachtsgeschenk den letzten Schliff zu verleihen.

Als er sich Sylvester kurz nach Zwölf endlich so viel Mut angetrunken hatte, uns sein Werk zu zeigen, waren die Erwartungen dementsprechend hoch gesteckt.

Kein Wunder also, dass Mutter und ich etwas ergriffen dreinblickten, als er uns unseren neuen gemeinsamen Zahnstocher präsentierte.

„Was denkt er sich, wer er ist?", entgegnete Mutter brüskiert und klatschte zweimal kurz in die Hände, um den Henker zu rufen. Natürlich kam niemand.

„Nanü!", entfuhr es ihr, „Das ist doch ridikül!" Sie klatschte noch zweimal.

Dann liefen ihr dicke Tränen über das bleiweiß gepuderte Gesicht und der Schönheitsfleck rutschte langsam von der Wange hinunter zum Kinn.

„Schämet ihr Euch nicht?", griff ich meiner völlig aufgelösten Erzeugerin verbal unter die Arme, „Ihr seid eine Schande für unser Haus, Vater! Möge Gott Euch mit seinem Allmächtigen den Schädel spalten, damit nie wieder ein Produkt von solcher Schlechtigkeit der geliebten Mutter Augen verätzt!"

Aber so sehr ich mich damals auch für sie eingesetzt hatte, es half mir jetzt alles nichts. Mutter schickte mich in mein Zimmer.

Und das alles nur, weil ich so laut gequiekt hatte, weil ich so enttäuscht war, wegen dem Bolerojäckchen und der bitteren englischen Orangenmarmelade. Die ganze Nacht lang lag ich mit offenen Augen im Bett und weinte still vor mich hin. Als die Sonne aufgegangen war, kratzte ich mir die zu nudeldicken Salzkristallen erstarrten Tränen vom Gesicht, reinigte meinen zitternden Körper mit einer dürftigen Katzenwäsche, aß lustlos meine barocke Kastaniensuppe, trank meine sich knackend in einer Tasse heißer Eselsmilch auflösenden Krügerol-Halsbonbons und machte mich auf den Weg in die Schule, um meine polarisierende Westpaketbeute zu präsentieren. Ich hatte keine andere Wahl – der Paketschein lag bereits am Freitag Abend in unserem Briefkasten und so hatte ich meinen Klassenkameraden schon am Samstag in der Schule vorfreudig mitgeteilt, dass ich am Montag vermutlich mit einem ganz heißen neuen Kleidungsstück und einer unverschämt leckeren Süßigkeit zum Unterricht erscheinen würde.

Bevor ich schweren Herzens aufbrach, erkundigte ich mich bei meinen Eltern noch ein letztes Mal, ob ich so denn überhaupt unter die Leute treten könne.

Meine Mutter gab zu bedenken: „----------------------------
--".

Mein Vater hingegen war sich sicher: „Und ob!"

Von meiner Haustür bis zur Schule waren es nur drei Gehminuten.

Als ich um die Ecke hinter dem Stromhäuschen bog und meine Kumpels, mit denen ich mich jeden Morgen vor den Garagen beim Müllplatz traf, in Sichtweite waren, dauerte es nicht lange bis mich einer von ihnen, nämlich (mein bester Freund) Wumme, erblickte. Eben hatte er noch herzlich über irgendetwas gelacht, jetzt schaute er nur noch mit offenem Mund in meine Richtung. Mehrere Sekunden verharrte er so, unfähig zu handeln, dann tippte er die anderen an und zeigte ungläubig in meine Richtung. Es war, als würden sie ihren eigenen Tod auf sich zukommen sehen.

Als ich schließlich vor ihnen stand, blickte ich in fünf kreidebleiche Gesichter, niemand sagte etwas, allein die schaumigen Speichelfäden zwischen den aufgeklappten Kiefern meiner schockgefrorenen Klassenkameraden bogen sich noch eine ganze Weile mitteilungsbedürftig im Wind, bevor auch sie endlich zu Eis erstarrten. Ich versuchte die Situation mit einem zwanglosen „Olé!" aufzulockern.

Aber es half alles nichts. Keiner von uns wusste, was in so einer Situation zu tun war.

Betreten betraten wir das Schulgebäude.

Ich hielt nur bis zur kleinen Hofpause durch.

Nachdem ich ein paar meiner Kumpels von der englischen Orangenmarmelade hatte kosten lassen, um von der Absurdität meines Jäckchens abzulenken, machte das Gerücht die Runde, der kleine Muck verteile in der Schule Rattengift.

Es hatte keinen Zweck. Die Menschheit war für meinen progressiven Stil offensichtlich noch nicht bereit.

Und so öffnete ich schon um 9Uhr57 Pankower Zeit hastig unsere Wohnungstür in der Achtermannstraße, um mich der schmachvollen West-Utensilien zu entledigen.

Im Korridor stand Mutter. Sie hatte meinen alten Lieblingspullover bereits straff mit ihren Armen und den gespreizten Fingern aufgespannt, so dass ich nur noch kopflinks hineinschlüpfen brauchte. Dann streichelte sie mir mit ihren warmen, weichen Mutti-Händen über den Kopf und sagte: „Trauriger kleiner Mann, höre er auf zu weinen, es ist angerichtet!"

„Was gibts denn?"

„Suppe vom gekochten Huhn."

Ein Raum - zwei Stimmungen.

Woran liegt's?

Kein Mon Cheri auf dem Tisch!

Boanka

Sauron meinte letztens, wir könnten doch auch tagsüber mal wieder was machen. Nicht immer nur abends mit Schmusen und so. Nein, auch mal was mit draußen rumlaufen und irgendwas angucken und irgendwo reingehen.
Ich schaute sie an. Ich schaute sie eine ganze Weile an. Dann musste ich lachen. Sauron lachte nicht mit. Sie meinte es ernst. Ich schüttelte ungläubig den Kopf, ich konnte es gar nicht fassen.
„Wir unternehmen doch nie was!", behauptete sie.
Genau dasselbe hatte meine erste Freundin Bianka damals 1992 auch gesagt, als sie sich nach noch nicht mal acht Monaten von mir trennte. Da half es auch nichts, dass ich sie daran erinnerte: „Hä, wieso? Wir waren doch mal gemeinsam beim Winterschlussverkauf!" Wo hätte ich denn sonst mit ihr hingehen sollen? Inne Disko? Man geht doch auch nicht mit 'nem Bier inne Kneipe.
Ins Kino? Wir waren einmal zusammen im Kino, damals, auf dem Höhepunkt unserer Balz, um „Bodyguard" zu gucken. Kaum, dass das Licht ausgegangen war, wickelte meine Nochnichtganzfreundin Bianka ihre Hände um meinen linken Oberarm und legte ihren Kopf an meine Schulter. Am Anfang war ich auch noch ganz angetan von diesem ersten Zeichen uneingeschränkter Zuneigung, aber im Laufe des Films zog Bianka ihre sicherlich lieb gemeinte Umschlingung aus Gründen des Mitfieberns immer fester zu. Ich sagte nichts, ich wollte ja auf sie rauf. Dass die hochnäsige Whitney Houston und der knochentrockene Kevin Costner da auf der Leinwand plötzlich was

am Laufen hatten, davon bekam ich allerdings schon gar nichts mehr mit. Der leidenschaftliche Todesgriff meiner Nochnichtganzfreundin Bianka hatte meinen Arm pö a pö zu einem tauben, kalten Stück Fleisch werden lassen.

Mir schwanden die Sinne, das einzige, was mich noch bei Bewusstsein hielt, war das immer stärker werdende stechende Puckern meiner sich im stillen Todeskampf befindlichen Gliedmaße.

Ich ärgerte mich. Ich ärgerte mich richtig. Hätte ich mich doch nur durchgesetzt und wir wären statt ins Kino zu mir gegangen, um uns bei einer Flasche Berentzen Apfelkorn auf zwei getrennten Sesseln „American Fighter 4 – Die Vernichtung" reinzuziehen.

Als der Bodyguard im nervenzerfetzenden Finale die eigentlich für Whitney Houston gedachte Kugel mit dem eigenen Körper abfängt, um anschließend den Attentäter zu erschießen, legt auch meine Nochnichtganzfreundin Boanka – halb Boa, halb Bianka – drucktechnisch noch 'ne Schippe drauf.

Ich höre meine Knochen knarzen. Ich halte ich es nicht mehr aus. Ich jaule auf. Boanka lässt erschrocken von mir ab und schaut mich entgeistert an: „Mein Gott! Nun hab Dich doch nicht so. Das ist doch nur'n Film!"

Ich hätte ihr eine klatschen können, wenn ich nicht so unglaublich mitgenommen gewesen wäre von dem barbarischen Gefühl, das meinen Körper durchfuhr, als das seit gut zwei Stunden aufgestaute Blut wieder in den bleichen Arm hineinschoss. Ich verrate nur so viel: Wem schon mal beim sonntäglich-verträumten Zeitunglesen auf Toilette das Bein eingeschlafen ist, der hat nur ungefähr 'ne Ahnung, wie doll das wehgetan hat.

Nach der Vorstellung hat mich Boanka dann immerhin mit zu sich Nachhause genommen, um mir ihr Lieblingslied von

Patricia Kass vorzuspielen. Eine Stunde später hatte ich meine erste Brust in der Hand, eine halbe Stunde später die zweite und von da an gab es für mich eigentlich keinen Grund mehr, das Haus zu verlassen.

Ich hätte ewig so rumliegen können mit den zwei trolligen Zeitgenossen aus feinstem Bindegewebe und Biankas Kopf oben drauf, in dem der Mund war, aus dem immer irgendwelche Worte rauskamen, aber da hörten wir drei einfach nicht hin. Wir machten unser eigenes Ding.

Als ich einen Monat später dann endlich auch noch Bekanntschaft mit Frau Mumu machen durfte, war es ganz aus. Ich war mir sicher: In diesem Bett würde ich sorglos verenden. Wie ein luftgetrockneter Fötus würde ich irgendwann daliegen, verschrumpelt und haarlos, mit einem seligen Lächeln auf den Lippen, still vor mich hinzuckend, obwohl schon lange tot. Das wären nur noch die Nerven.

„Wir unternehmen doch nie was!"

Ich konnte es immer noch nicht fassen! Jedes Mal, wenn wir uns liebten, sind gleißende Lichtstrahlen an mir vorbeigerauscht, wir sind auf Einhörnchen den Regenbogen hinaufgaloppiert, begleitet von einer Handvoll weißer Delphine, auf denen Kobolde saßen, die uns unentwegt zuwinkten und riefen: „Falsches Loch, falsches Loch!".

Von wegen, wir unternehmen doch nie was!

Eine Frechheit sondergleichen.

Ich weiß auch gar nicht, was die Weiber immer alle draußen wollen. Drinnen ist doch gut. Laufen so viele schöne Filme im Fernsehen.

Also wenn ich nicht arbeiten müsste, ich würde jetzt staunend vor der Glotze sitzen bis die Milchzähne sauer werden. Sagt man doch so, wenn jemand mit offenem Mund in die Weltgeschichte kiekt:

„Mund zu, sonst werden die Milchzähne sauer."

Oder in weniger distinguierter Gesellschaft:
„Mund zu, sonst wird die Kacke kalt!"
Letztere Version erscheint zunächst vulgärer, ist aber schlichtweg konsequent zu Ende gedacht.
Was man von diesem Text hier nicht behaupten

Er selber fand die Mütze richtig bekloppt. Seine Freundin hatte
sie ihm in monatelanger Fitzelarbeit aus den Bauchnabelfusseln
trächtiger Bonoboweibchen zusammengefilzt. Nun stand er da
wie Heinrich der Blasse, ein Harlekin mit den Zipfeln nach oben,
ein menschliches Stövchen.

Nur noch schnell trödeln

„Entschuldige die Verspätung, dieser starke Gegenwind auf der Oberbaumbrücke, darüber wird in der Lügenpresse ja nie berichtet." „Entschuldige die Verspätung, es hat diesmal ein wenig länger gedauert, die Drohne abzuhängen." „Entschuldige die Verspätung, ich musste noch zum Tierarzt, unser Wasser ist so hart, da hat sich der Goldfisch beim Schwimmen die Flossen gebrochen."

Ich weiß nicht genau, wann sie angefangen hat, meine zuverlässige Unpünktlichkeit. Vermutlich in dem Moment, als mich meine Eltern nicht mehr angezogen, ins Auto verfrachtet und vor der Zieltür ausgesetzt haben.

Obwohl, bei meinen ersten Verabredungen mit Mädchen, bin ich auch immer noch pünktlich am Treffpunkt erschienen. Damals wusste ich noch nicht, dass sie meine Warterei nur nutzten, um mich von weitem zu beobachten und dann einfach zu gehen.

Mittlerweile bin ich immerhin schon so weit, auf die Minute genau exakt eine Stunde zu spät zu kommen. Das ringt dem Wartenden eine Melange aus unbeschreiblicher Wut und Bewunderung ab.

Ein optimaler Ausgangspunkt für ein angeregtes Gespräch. „Ich lass mir doch von Dir nicht meine Zeit stehlen." Das kriege ich immer wieder zu hören. Lächerlich. Ich stehle niemandem die Zeit. Wenn, dann schenke ich Leuten Zeit. Zeit für die eigenen Gedanken. Einen unverhofften Ruheraum zwischen all den Terminen, eine Oase der Selbsterkenntnis.

Es ist ja auch nicht so, dass mir das Zuspätkommen Spaß

macht. Und ich gehe ja auch jedes Mal pünktlich los. Zumindest nehme ich mir das fest vor. Aber dann ist da auf einmal die Wäsche fertig und will aufgehängt werden, um nicht zu muffeln. Oder die Katze guckt so niedlich. Oder ich entdecke einen interessanten Krümel auf der Kommode. Oder ich beschließe spontan, mein Russisch aufzufrischen. Oder ich habe mich schlichtweg auf Toilette festgeschissen. Das ist doch jedem schon mal passiert. Da will man nur schnell ein paar Abfangjäger in die Schüssel schicken und dann folgt da auf einmal gleich das ganze Mutterschiff. Zugegeben, das ist jetzt vielleicht kein Thema für die Neujahresansprache der Bundeskanzlerin, dennoch ist es ein Thema das viele Menschen bewegt. Wenn auch nur in Richtung Toilette. Ich meine, warum sonst sieht man denn selbst die schlankesten Damen mit wackelndem Dutt und 'ner Zwölferpackung Klopapier nach Hause spurten, als wäre gerade Fliegeralarm. Ein Freund von mir fragte mich neulich: „Gotti, Du erzählst immer so viel über Kacke. Warum?"

"Na, weil wir sie in unserem Familienbetrieb seit Generationen mit Liebe und Sorgfalt selber herstellen, und wir sind stolz auf unser regionales Produkt."

Das anschließende Duschen bricht mir allerdings jedes Mal zeitlich das Genick. Ich bade ja nicht mehr, um Wasser zu sparen. Auf meine Schaumkrone, die Schaumaugenbrauen und den Schaumvollbart möchte ich natürlich dennoch nicht verzichten. Das separate Aufschäumen im Waschbecken dauert ewig. Und dann soll es ja auch ordentlich sitzen. Ich will ja nicht unter der Dusche stehen, wie ein Hampelmann.

Wenn dann die ersten warmen Strahlen aus dem billardtischgroßen Regenwaldduschkopf meine Haut berühren, stöhne ich immer kurz auf, um gleich darauf zu weinen, weil ich daran denken muss, dass ich im Leben von mehr Wasser gestreichelt wurde als von Menschen.

Und dann stehe ich krumm wie 'ne Bogenlampe unter der Dusche, starre ins Leere und denke unwillkürlich an alle möglichen Leute.

Ich denke an Michael Dudikoff. Hat er eigentlich jemals einen guten Film gemacht? Was er wohl in diesem Moment grade tut? Vielleicht dehnt er sich, oder wirft mit Zimtsternen nach seinem japanischen Gärtner.

Ich denke an meinen Kumpel Rocco, der als Matrose auf hoher See sein Ejakulat nach erfolgreicher Selbstbefriedigung direkt aus der Faust geschlürft hat, um nicht nochmal extra zum Saubermachen an allen schlafenden Kameraden vorbei durch die Mannschaftskabine zu müssen. Schrrrl. Schrrrl ist seitdem ein Geräusch, das in unserem Freundeskreis für Angst und Schrecken sorgt. Selbst beim sonntäglichen Suppe löffeln im Kreis der Familie stellt sich ein ungutes Gefühl ein. Schrrl, schrrrl.

Ich versuche das Geräusch unter der Dusche nachzumachen. Schrrrl, schrrrll. Klappt auf Anhieb. Jetzt muss ich es allerdings fünf Mal wiederholen. Sonst wird es ein ganz schlechter Tag. „Schrrrl, schrrrl. Schrrrl, schrrrl. Schrrrl, schrrrl. Schrrrl, schrrrl. Schrrrl, schrrrl." Mist! Das eine Mal war genuschelt, nochmal von vorn. Wenn es beim ersten Mal nicht geklappt hat, muss ich das Ganze dreimal hintereinander machen, sonst stirbt der nächste Mensch, der mir in die Augen schaut, innerhalb einer Woche durch einen Hamsterbiss.

„Schrrrl, schrrrl. Schrrrl, schrrrl. Schrrrl, schrrrl. Schrrrl, schrrrl. Schrrrl, schrrrl." „Schrrrl, schrrrl. Schrrrl, schrrrl. Schrrrl, schrrrl. Schrrrl, schrrrl. Schrrrl, schrrrl." „Schrrrl, schrrrl. Schrrrl, schrrrl. Schrrrl, schrrrl. Schrrrl, schrrrl. Schrrrl, schrrrl." Damit der Fluch nicht auf mich selber überspringt, ist es mir jetzt nur noch erlaubt, die Dusche im Hockstrecksprung zu verlassen und mich auf eben die gleiche Weise zum Kleiderschrank zu bewegen. Ziel ist es nun, mit nur jeweils einem Hüpfer in Schlüpfer und Hose zu landen, wenn das nicht gelingt, muss ich nochmal von vorne anfangen.

Zu duschen.

Was das Verlassen des Hauses aber endgültig erschwert, ist, dass ich seit meiner Kindheit unter der höllischen Angst leide, den Gasherd nicht angemacht zu haben. Kaum ist die Wohnungstür ins Schloss gefallen, überkommt mich so ein ungutes Gefühl. Hatte ich vorhin wirklich richtig nachgeschaut, oder war ich mit den Gedanken schon ganz woanders. Also Tür nochmal auf, rein in die Küche, Gott sei Dank, der Herd ist an, Tür zu.

Moment mal, als ich eben in der Küche war, um nach dem Herd zu schauen, da habe ich die Wohnungstür aufgelassen. Theoretisch hätte also ein Dieb hinter mir vorbei ins Schlafzimmer schleichen und sich da unter dem Bett verstecken können. Also Tür nochmal auf und mit dem Besenstiel wie wild unterm Bett rumstochern. Etwas Weiches ... Aha! Wusste ich's doch!

Oh, ganz vergessen, die arme Katze. Wie niedlich die guckt. Nanü, was ist denn das hier für ein Krümel auf der Kommode? „Eta Kroshka!"

Entschuldige bitte die Verspätung, ich musste nur noch schnell trödeln.

Schrrrl. Schrrrl.

Einer von den dreien war beim zu hastigen Auftauchen die Gummibadekappe über die Nase gerutscht und dann musste sie plötzlich schrecklich niesen. Nun hieß es Ruhe bewahren und die überschüssige Luft langsam entweichen lassen.

Opa Willy

Wenn in Spielfilmen alte, vom Leben verwitterte Menschen aufgrund diverser gefühlebeschleunigender Ereignisse den zweiten Frühling erleben, gipfelt ihre gute Laune nicht selten darin, dass sie zum Entsetzen des Zuschauers plötzlich anfangen wie durchgeknallte Hauptschüler in der Gegend herumzuhüpfen.

Hat sich die Verwunderung darüber gelegt, dass die übermütigen Geronten beim ersten Bodenkontakt nicht einfach krachend zu Staub zerfallen, fragt man sich im nächsten Augenblick: Warum? Warum werden da morsche Menschen genötigt auf dermaßen dünnem Eis zu hopsen, nur, um mir als Zuschauer unmissverständlich klar zu machen: Achtung, Achtung – hier ist die Stimmung gerade dermaßen gut, das hält man kaum im Kopp aus!

Ich meine, dass man nicht mehr wie ein besengter in die Luft springen brauchte, um sich der Duldung seiner Zeitgenossen sicher zu sein, das war doch so ziemlich das einzig Gute am älter werden.

Schon als Kind beneidete ich meinen Opa Willy aus Dresden, weil er den ganzen Tag wie ein Denkmal in seinem gemütlichen Ohrensessel am großen Fenster in der Stube saß, während um ihn herum das Leben tobte. Alles was er benötigte, war in greifbarer Nähe. Rechts hinter ihm an der Wand die kunstlederne „Brillengarage", links zu seinen Füßen der Zeitungsständer und keine zwei Meter von ihm entfernt der hölzerne Luxotron Fernseher. Selbst zum Umschalten brauchte sich Opa Willy nicht zu bewegen, da er hier im 5. Stock eines Hochhauses auf der Prager Straße trotz seiner stanniolpapiergetuneten Zimmerantenne nur einen Sender, nämlich DDR1 empfing. Natürlich ohne Ton. Natürlich Quatsch. Natürlich mit Ton. Aber in allen Sendungen ging es offensichtlich nur um „schchchrchch-chchrrchchchchchc".

Opa Willy war ein genügsamer, zufriedener Mann. In meiner Erinnerung hat er nie gestanden oder ist irgend-wo hingegangen. Er saß immer nur in seinem Ohrensessel und lud zur Audienz. Nicht mal beim gemeinsamen Kaffee-trinken brauchte er sich zu uns an den Tisch zu setzen. Wenn er irgendwas wollte, zeigte er einfach drauf und wir brachten es ihm.

Manchmal winkte Opa Willy mich zu sich heran, ich setz-te mich auf seinen Schoß und er erzählte mir einen Witz. Wenn er fertig war, musste ich immer lachen. Oft nur aus Höflichkeit, da ich die Pointe des Witzes überhaupt nicht richtig verstanden hatte, weil Opa Willy aufgrund seiner Parkinson-Erkrankung bereits so leise und undeutlich sprach, dass man mit dem Ohr mehr oder weniger voll-ständig über seine faltige Schnute gestülpt sein musste, um überhaupt irgendetwas zu verstehen.

Außerdem waren es keine Fritzchenwitze, die Opa Willy erzählte. Das wunderte mich immer ein wenig. Fritzchen war der lustigste Junge der Welt mal tausend. Das war ein-fach nicht zu toppen.

Was Opa Willy da versuchte, war lächerlich.

Diese Überzeugung hielt an, bis ich drei Jahre später im Ferienlager in Joachimsthal Bekanntschaft mit „Ein Ami, ein Deutscher und ein Russe" machte. Da hat sich noch mal eine ganz neue Tür geöffnet. Da gab es diesen EINEN Witz mit der Höhle. Wo der Ami, der Deutsche und der Russe drei Aufgaben lösen müssen, von denen ich mittler-weile leider nur noch zwei weiß.

Die letzten beiden Aufgaben waren jedenfalls mit einer Frau zu schlafen und mit einem Grizzlybären zu ringen.

Der Ami und der Deutsche scheitern beide am Bären. Dann ist der Russe dran. Nach 20 Minuten kommt er wieder aus der Höhle und fragt. „Okay, und wo ist jetzt die Frau, mit der ich ringen soll?"

Ein Knaller.

Der schusselige Russe hatte den Grizzlybären vergewaltigt. Wir konnten nicht mehr damals. Es war schon Nachtruhe, zweiter Tag, und Nico Hobel haut den auf einmal so raus. Als wir alle schon fast am Einschlafen waren. Ich konnte nicht mehr! Soviel Glück zu solch später Stunde.

Ich hatte es schon immer geahnt. Die Welt nach 22Uhr, da ging's erst richtig los!

Wir hier mit unseren Kinderzeiten. Um 19Uhr Abendbrot, dann bettfertig machen, noch ein bisschen „Märchen aus Sri Lanka" lesen und spätestens um 21Uhr hieß es „Knöppe zu!". So nannten meine Eltern meine glubschigen kleinen Kinderaugen. Knöppe. Eine Frechheit.

Und dann lag man da in seinem kleinen Kinderzimmer, in seinem kleinen Bettchen auf seinem kleinen Kinderrücken, schaute mit trotzig geöffneten Knöppen ins dunkle Nichts und dachte überall sonst wäre jetzt sonst was los, während man hier, unfähig zur Selbstversorgung, von seinen Ernährern mit schwerem Bettzeug territorisch in Schach gehalten wird und einschlafen soll. Um Energie zu sparen. Was man jetzt gerade wohl alles verpasste?

Kleine Kinderdörfer in den gigantischen Weiden an den Karpfenteichen. Reger Handel mit bunten Glasmurmeln und Knallplätzchen am Clausthaler Platz. Auf der großen Wiese Herzchenkraut essen, so viel man will, egal, ob die Hunde dagegen gepinkelt haben oder nicht, und schließlich mit Duosan-Klebstoff „Duosan" an die Wand des Stromhäuschens schreiben und den Schriftzug anzünden. Naja, sowas halt. An sowas hab' ich gedacht.

Pascal Bohne hatte heute auf dem Klettergerüst behauptet, dass er letztens hinter dem Stromhäuschen mit 'nem Stöckchen die Schnecke von Melanie Grauschel berührt hat. Sowas eben. Ich meine, ich wusste ja nicht mal, was das überhaupt bedeutete. Trotzdem ging es mir nicht mehr aus dem Kopf.

Pascal hatte beim Erzählen so ein unheimliches Feuer in den Augen.

Er hatte irgendetwas gesehen, dass wir anderen Jungs bisher noch nicht gesehen hatten. Und es hatte ihn verändert. Wollte ich das auch? Sollte ich mir auch ein Stöckchen besorgen? Ich musste an den Witz mit dem Maiskolben denken, der aus dem Fenster fliegt. Wo daumendick „Butter" drauf ist. Wenn er erzählt wird, ekeln sich immer alle. Ich liebte Maiskolben und ich liebte Butter. Wo bitte war das Problem?

Will sagen: Ich hatte damals von Tuten und Blasen keine Ahnung. Alle anderen waren schon so weit. Ich hatte mich kaum bewegt. Höchstens, um Ausschau zu halten. Irgendjemand musste doch auch mal Ausschau halten. Bisher lief einfach alles zu glatt. Das machte mich misstrauisch. Irgendwas war faul.

Die Ruhe vor dem Sturm?! Ich sollte Recht behalten.

Bereits ein halbes Jahr später wurde mir meine angeborene Phimose von Dr. Rötig im Krankenhaus Buch ohne nennenswerte Vorankündigung und Narkose, nur mit etwas Kühlspray und einer angeschliffenen Nadel, na, ich möchte mal sagen, aufgefriemelt, indem Dr. Rötig einfach mit der Nadel spiralförmig zwischen meiner blütenzarten Vorhaut und meiner wachsweichen Eichel seine blutigen Bahnen zog, bis er das Ende der Glanzfurche erreichte hatte. Ich weiß nicht mehr, wie lange es gedauert hat. In diesem Moment war alles eins: Vergangenheit, Gegenwart und Zukunft.

Ich soll geschrien haben wie am Spieß.

Aber das war ich ja auch irgendwie.

Mein Vater hat es nicht mehr ausgehalten und ist aus dem Wartezimmer hinaus auf den Krankenhausvorplatz, um dort mit Fingern in den Ohren schnaufend seine Bahnen zu ziehen. Sein armer Junge! Und das alles nur des fickenshalber. War es das wert?

Wenn ich die Frage heute beantworten darf:

Auf jeden Fall.

Aber damals hat mir diese schmerzvolle Überraschung natürlich ganz schön den Tag versaut.

Auch Vater schien von da an immer ein wenig abwesend. Er kam nie wieder ganz zurück.

Wenn im Radio „Needle and the damage done" von Neil Young lief, standen wir beide umgehend mit den Vorderläufen auf der Fensterbank und jaulten wie zwei angeschossene Wolfshunde bei Vollmond.

Meine Freunde nannten mich seitdem nur noch Martin „Die Wüstenblume" Gottschild.

Opa Willy stand nie mit den Vorderläufen auf der Fensterbank und jaulte. Er kannte ja auch das Lied nicht und bei der barbarischen Eichelschälung in Buch war er ebenfalls nicht anwesend. Das war nämlich erst viel später. Da war mein legerer Opa Willy schon längst lässig von uns gechillt. Aber auch wenn wir vielleicht nicht den gleichen Humor hatten und unsere einschneidendsten Erlebnisse Jahrzehnte auseinander lagen – Opa Willy ist mir immer in bester Erinnerung geblieben. Er machte so einen ungeheuer genügsam verschmitzten Eindruck. Er war für mich der Inbegriff des stillen Glücks.

Hin und wieder schaute er durch sein Fernglas, das er immer um den Hals trug, auf die Prager Straße hinunter. Vielleicht eine Minute. Dann brummte er, ließ das Fernglas auf seinen Bauch sinken, lehnte sich wieder zurück und zeigte auf die Flasche Sambalita unter dem Fernsehtisch.

Oma Erna goss ihm ein Gläschen ein und er trank es aus.

Was für ein Leben. Mehr ging nicht. Wie komm ich jetzt drauf? Richtig:

Wenn in Spielfilmen alte, vom Leben verwitterte Menschen aufgrund diverser gefühlebeschleunigender Ereignisse den zweiten Frühling erleben, gipfelt ihre gute Laune nicht selten darin, dass sie zum Entsetzen des Zuschauers plötzlich anfangen, wie durchgeknallte Hauptschüler in der Gegend herumzuhüpfen.

Das macht mich jedes Mal traurig. Weil es nicht stimmt. Das Bild stimmt einfach nicht. Es darf nicht stimmen. Alte Menschen hüpfen nicht, um zu signalisieren, wie gut sie gerade drauf sind.

Als alter Mensch zeigt man doch hoffentlich mit dem Zeigefinger in der beigen Manteltasche auf alle, die vor lauter Eile bäuchlings hinschlagen, irgendwo gegenlaufen oder irgendwo runterfallen, und brabbelt in sich hinein: „Siehste, Du Arsch. Deswegen loof ick so langsam."

So MUSS es einfach sein. Alles andere wäre grausam. Ich meine ich bin ja jetzt auch schon 38 Jahre alt und meine Laune ist bereits seit der Grundschule eher so mittel.

In zwölf Jahren bin ich 50. Ich darf gar nicht dran denken. Da wird mir richtig blümerant.

So, wie wenn ich über die Unendlichkeit des Weltalls nachdenke. Unendlichkeit. Nur vier Silben für so eine große Sache. Toleranz hat nur drei Silben. Kraftfahrzeughaftpflichtversicherung hingegen neun.

Was sagt uns das?

Ich glaube am Ende fasst es wieder mal ein alter Klospruch zusammen: „Da hilft kein Schütteln und kein Klopfen, in die Hose geht er doch, der letzte Tropfen."

Paradiesische Zustände?!
Märtyrer Abdullah Schulze war mehr als enttäuscht.
Von den versprochenen 72 waren nur drei zur Begrüßung
erschienen, und dass die nun wirklich noch Jungfrauen waren,
stimmte ihn jetzt irgendwie auch nicht fröhlicher.

Freaks, Freaks, Freaks

Ey, ey..., ey.. ,ey.....................ey, ey, ey, ey... ey, ey, ey, ey, ey!!

Ja bitte?

Ey, ey, ey, ey, ey sag ma.... Haste wat?

Wie bitte?

Ob de wat hast?

Wie, wat soll ick denn haben?

Na hier, Du weeßt schon. (Schnalz, schnalz!)

Wat?

Mann... na hier. (Schnalz, schnalz!)

Wie bitte?

(Schnalz...... Schnalz!)

Entschuldigen Sie, ich spreche kein Khoisan.

Wie bitte?

Sie sprechen offensichtlich Khoisan, die südafrikanische Klick-, Schnalz- und Pfeifsprache. Die Ursprache, die Sprache der Jäger und Sammler. Mein Khoisan ist leider ziemlich eingerostet. Ich weiß nur noch das Wort für Sehenswürdigkeit.

Es ging glaube ich so: Füüfpfeif.

Mann, ich will einfach nur wissen ob Du ein bisschen was zum Durchziehen hast!

Ach wat zum Durchziehen!

Ja!

'ne offene Tür, oder wie?

Nee, wat zum Durchziehen!!

'n Lineal und 'n Bleistift, oder was?

Nein. Mann, ick meine... Hier... Weißes Gold, Nasenzucker, Scheidewandspachtel, man hier: Kokain...

Ach so, na dann sagen Sie das doch! Anstatt hier in mit Metaphern verstopften Schlangenlinien um den heißen Brei herumzueiern.

Naja, man weiß ja nie.

Wat weiß man denn nie?

Na ob jemand mithört.

Keine Ahnung, ob Sie das jetzt irgendwie beunruhigt, aber ick zum Beispiel habe mitgehört.

Ja, und?

Na, nee!

Wie, na nee?

Nüschte.

Wie nüschte?

Ick hab nüschte! Ick habe kein „Ko-ka-in", wie Sie es so ver-
harmlosend genannt haben. Das heißt Rauschgift. Und det
is illejal. Dafür kommt man auf den elektrischen Stuhl. Also
nich' hier, aber woanders. Dafür muss man schon in Ur-
laub fahren. Verstehste.

Ja, versteh ick. Aber wer will det schon?

In Urlaub fahren? Na niemand! Aber die da oben, dieser
verdammte Bonzen-Staat, zwingt uns dazu, für mindestens
28 Tage im Jahr unseren heißgeliebten Arbeitsplatz im Stich
zu lassen. Das ist einfach eine ungeheure Sauerei! Ich meine,
ich bin doch keine 8 Jahre mehr, dass man mir sagen muss,
wann ick ins Bett zu gehen habe. Oder wie sehen Sie das?

(Wird auf einmal sehr besonnen) Ich sehe das ganz ähnlich.

Ick rege mich also nicht unnötig auf?

(Beruhigend) Nein.

Gut. Ick hab nämlich unheimlich hohen Blutdruck.
Manchmal rege ich mich sogar auf, nur weil ick schlichtweg
grundlos glücklich und zufrieden bin. Dann steh ick da so
vorm Spiegel und denke: Da steht et also, det faule Schwein
und glotzt in' Spiegel, anstatt sich fortzubilden, sich gesund
zu ernähren oder seinem afrikanischen Paten kind wenig-
stens mal 'ne Packung von der Toffi-Fee zu schicken.

Da gehst Du aber ganz schön harsch mit Dir ins Gericht.

Jaja, ich weiß. Das kommt alles vom Blutdruck.

Oohhhh, das tut mir aber leid (längere Pause).... Haste wirklich nüschte?

Mann, bitte, jetzt hören Sie aber auf. Det nervt.

(Wird wieder aggressiver) Dann geh doch zurück nach Düsseldorf, Alter, geh zurück nach Düsseldorf.

Ich komme überhaupt nicht aus Düsseldorf. Ich komme aus Pankow.

Na klar! Und ick bin der chinesische Kaiser's.

Watt?

Na wenn Du aus Pankow kommst, bin ick der chinesische Kaiser's.

Krass, Sie haben es jetzt echt zweimal hintereinander gesagt.

Watt, dass ick der chinesische Kaiser's bin, wenn Du aus Pankow kommst?
Det sagt man so, det is 'ne Metapher.

Kaiser, es heißt Kaiser.

Ach, und det „S" hängt da zum Spaß über'm Eingang, oder wat?

Nein, hier geht's doch um den chinesischen Kaiser...

... „s"

Nein, der chinesische Kaiser...

... „s" ist sicherlich auch nicht schlechter als der deutsche.

Sie haben aber auch ein Rad ab, oder?

Das ist so nicht korrekt, ick hab 'ne Mütze auf. (Lange Pause) Det war 'n Witz. Kein Rad ab – aber 'ne Mütze auf. Verstehste? Radab – Mützeauf. Kennste nicht? Radab Mützeauf war ein jüdischer Hutfabrikant. Der hat damals das Basecap's erfunden. Sagt Dir nischt wa? Baasseeccaapp'ss. Det is Englisch und bedeutet so viel wie „Kopfkompass", weil der Schirm der Mütze, egal wohin man sich dreht, immer nach Norden zeigt. Zumindest bei den teuren Basecaps. Die billigen muss man manuell verschieben. Musste mal drauf achten.

Ich weiß gar nicht, wie ich es sagen soll, aber ich habe das Gefühl, Sie nutzen Ihre Position aus, um mir hier aus purer Launigkeit 'nen Keks an die Backe zu labern.

Beweise!

Na sagen Sie mal. Ich muss mich hier doch nicht rechtfertigen.

(Schnippisch) Ach nein?

Nein, muss ich nich'.

(Lange Pause) Na gut, ich weiß nicht warum, aber ich glaube Ihnen. Dann wünsche ich noch eine gute Weiterfahrt.

Vielen Dank, Herr Wachtmeister.

Kein Problem. Aber das defekte Rücklicht, das lassen Sie bitte in der nächsten Werkstatt instand setzen.

Aber selbstverständlich, Herr Wachtmeister. Sonst gefährde ich ja die anderen Verkehrsteilnehmer.

Genau so sieht es aus. Und nicht vergessen: Im Straßenverkehr immer mit der Dummheit der anderen rechnen.

Versprochen!

Sehr schön. Dann lassen Sie sich nochmal drücken und dann aber Motor an und los geht's.

Au ja!

Ich weiß doch, was sich gehört. (Schnalz, schnalz!)

Richtig. Und ich weiß, wie man es genießt. (Schnalz, schnalz!)

Warum eigentlich nicht?

„Mama, warum darf man keinen Teer essen?"
„Aber ich habe doch Teer gegessen."
Obwohl ich die Antwort der Mutter gar nicht verstanden hatte, erfüllten mich die zwei Sätze der unvoreingenommen gefräßigen kleinen Erdenbürgerin mit stillem Glück. Genau aus diesem Grund lehnte ich in der M10 so gerne an den Faltenbelägen auf dem Rondell in der Mitte der Straßenbahn. Ich liebte es, fremden Menschen zuzuhören, ohne selber was sagen zu müssen. Deswegen bin ich damals auch aus dem Callcenter rausgeflogen.
Jetzt, wo das Kind das mit dem Teer gesagt hatte, bekam ich selber richtig Appetit.
Ich hatte noch nicht gefrühstückt und war mittlerweile in einem Alter, wo die Zunge bereits so viel erlebt hatte, dass sie schon beim bloßen Gedanken an jeden unbekannten Input dankbar anschwoll.
Zurzeit ließ die selbst gemachte Aprikosenmarmelade meiner kochwütigen Schwägerin meine Geschmacksknospen pulsieren. Diese wundervolle Aprikosenmarmelade, sie schmeckte so unverschämt exotisch sommerfrisch nach Urlaub. Diese Aprikosenmarmelade mit daumendick Butter auf's Toast geschmiert. Wenn ich da reinbiss, hatte ich direkt so 'ne weiße Rafaello-Haube auf und schaute verträumt auf's smaragdgrüne Meer.
Aber auch mit Sardellenpaste gefüllte Oliven gehörten gerade zu meinem festen Naschplan. Ich habe mir vorgenommen, nur noch Dinge zu essen, die nicht ganz so vielen Leuten schmecken, damit ich nicht ständig was abgeben muss. Das hat nichts mit Geiz zu tun, das ist gesunde Gier. In der Schule habe ich eine Woche vor der 100-Me-

ter-Lauf-Sportleistungskontrolle jeden Morgen zum Frühstück eine gehäufte Schüssel Hundefutter gegessen, in der Hoffnung, dadurch schneller rennen zu können. Aber es half nichts. Obenrum war ich eine Rakete, aber wenn ich an mir herunterschaute, sah es so aus, als würde ich einfach nur zügig spazieren gehen. Als ich dann wieder hochguckte, feuerten mich meine Mitläufer bereits gemeinschaftlich von der Ziellinie aus an.

Dafür hatte ich die Beißkraft eines wütenden Pekinesen und roch noch Tage später zuverlässig geheimnisvoll aus dem Mund, was mir schließlich den Spitznamen „Das Scheusal" einbrachte.

In den großen Sommerferien, vor dem Wechsel von der Oberschule zum Gymnasium, überlegte ich lange, ob das jetzt nicht eventuell der richtige Zeitpunkt für eine gewinnbringende Typveränderung wäre.

Ich wollte ja schon so lange so ein blaues Kopftuch tragen, wie die Crips in dem Gangsterfilm „Colors – Farben der Gewalt". Das war mir wichtiger als alles andere. Dieses Kopftuch. Zuhause lief ich ständig damit rum. Meine Eltern nannten mich nur noch Rambostilzchen. Weil ich wohl so niedlich wütend aussah, wenn ich mich aufregte, weil sie es gewagt hatten, mich während der Pubertät anzusprechen: „Martin, mach hinne, Dein Papa muss auch mal." Ooaahh. „Und wie gefällt's Dir hier in Mexiko?" Oaaahh. „Denk an Deine Nieren." Oaaaahh. „Guck mal da, ein Wunder." Oahhhh.

In meiner alten Schule hatte ich mich das mit dem Kopftuch nie getraut. Jedes neue Kleidungsstück wurde in der großen Hofpause von den gnadenlosen Blicken der älteren Schüler gescannt und mit zuverlässiger Wahrscheinlichkeit lauthals für Scheiße befunden.

Ist das die Hose von deiner kleinen Schwester? Wow, genau so 'ne Mütze trägt bei uns das Klopapier auf der

Hutablage.. Schicke Jacke, gibt's die auch in geil?

Was ich mir nicht alles anhören musste. Wenn ich nun aber mit meinem Kopftuch am ersten Tag in der neuen Schule auftauchte, würden alle denken, ich wäre schon immer so drauf.

Leider wechselten zwei Mädchen aus unserer Parallelklasse auch aufs selbe Gymnasium, ihr Spott wäre mir sicher gewesen und mir fehlten schlichtweg die Argumente, mein neues Outfit schlüssig zu verteidigen. Ich hätte höchstens so tun können, als würde ich sie nicht kennen. Amnesie. Nach einem BMX-Rad-Unfall.

30 Meter in die Tiefe gestürzt. Zum Glück mit der Nase auf 'nem Radiergummi gelandet. Dann nochmal fünf Meter hochgeschnallert und mit'm Hosenbund am Geweih von 'nem Hirsch hängengeblieben. Zwei Tage lang immer schön mit'm Kopp gegen 'nen Baum. Dann endlich bewusstlos abgefallen. Ja, und nun stehe ich hier mit meinem Kopftuch. Und wer seid Ihr nochmal?

Anke König war großer Indianerfan und kam immer auf Rollschuhen in den Klassenraum gerauscht.

Rollschuhfahrende Indianer, diesen Film hätte ich zu gerne mal gesehen.

Ihre Freundin hieß Andrea Kleinert. Andrea war schlank und blass, rote Haare, gelbe Zähne, blutunterlaufene Augen und sie schrieb am liebsten schwermütige, nachdenkliche Gedichte:

„Die Weide am Fluss, warum schaut sie so traurig aus?"

Vielleicht ja, weil sie keinen Bock hat, dass Du sie schon wieder mit einem deiner Kack-Gedichte beleidigst! Das würde ich Andrea Kleinert heute als erwachsener Mann mit Kopftuch gerne erwidern.

Warum schaut die Weide so traurig aus?

Warum? Warum? Warum?

Warum soll man keinen Teer verspeisen dürfen, aber Auberginen sind erlaubt?

Wenn ich eine Aubergine esse, fühlt es sich jedes Mal so an, als würde ich in einen Delphin beißen.

Warum darf man keinen Teer essen? Die Frage lässt mich nicht mehr los.

Ich frage Siri.

Siri versteht statt Teer, unentwegt den Frauennamen Thea und gibt mir den Hinweis abends möglichst keinen Salat mehr zu essen. Ist das nicht etwas, dass man auch tagsüber tunlichst vermeiden sollte?

Ich versuche es mit Straßenteer, Siri versteht Straßenkehrer.

Es muss an mir liegen Teeeeerrrr, Teeeer. Keine Chance, ich lande immer wieder bei Thea und dem Straßenkehrer, für Apple scheint es also wahrscheinlicher zu sein, dass man Menschen anstelle von Straßenbelag vertilgen möchte.

Auch nach manueller Eingabe ist im Netz nichts Aufschlussreiches zum Thema Teer zu finden, nur der Fall einer Frau, die sich in einem Mütter-Forum erkundigt, ob sie sich Sorgen machen müsse, weil ihr dreijähriges Kind ein Stück Dachpappe verspeist habe. Bis auf die allgemeine Verwunderung darüber, dass ihr Kind mit drei Jahren noch so doof sei, konnte man ihr in der Community aber auch nicht weiterhelfen.

„Also, nach meinen Recherchen gibt es überhaupt keinen Grund zu der Annahme, dass Teer für ihre Tochter nicht gut sein sollte. Aber Vorsicht bei Salat am Abend!", gebe ich der Mutter noch auf den Weg, bevor ich am Frankfurter Tor die Bahn verlasse.

Aber was weiß ich schon, ich esse vom Apfel ja immer nur den Aufkleber, weil ich gehört habe, dass da die meisten Vitamine drin sind.

"Hallo, Daddy, hallo?!
Daddy hallo, bist Du da drin?"

„Ja, Schatz, ich bin noch auf der Siegerehrung,
ich mach' mich aber gleich auf den Heimweg."

Mein bester Freund

Was für die koranabhängigen Mohammed, für die bibel-
süchtigen Jesus Christus, für die Buddhisten Buddy der
Weihnachtself und für die Zeugen Jehovas eine Tasse Kaf-
fee im fremden Wohnzimmer ist – das war bei uns in der
Familie seit eh und je der Polappen. Eine kultisch verehrte
Ikone. Von Generation zu Generation weitergereicht. Ein
Symbol für das, woran wir glaubten.
Er war nach unserem Ebenbild geschaffen: flauschig
und schlapp. Feinstes Frottee. Universell einsetzbar. Der
schlichte Name ließ seine Vielseitigkeit nur erahnen. Der
Polappen war das Mountainbike unter den Waschlappen.
Ach was rede ich hier, er war das Schweizer Taschenmesser
unter den wirbellosen Hygieneartikeln. Kein Terrain war
vor ihm sicher. Nichts ging damit nicht. Den Schließmuskel
polieren, bis er glänzt und duftet, dass man ihm am liebsten
Lippenstift auftragen und ihn anschließend zum Austern-
schlürfen in ein Nobelrestaurant einladen würde, Wun-
den säubern, Hefeteig abdecken, Menschen demütigen,
Einbrecher verjagen, persönliche Interessen durchsetzen
– mit dem Polappen in der Hand lag einem die Welt zu
Füßen. Er war das Visum ins Glück.
So ein Polappen hat ja mehr Macht als tausend Gewehre.
Die Menschen ahnen das. Aber sie wollen es nicht wahrha-
ben. Weil die zunehmende Verwendung von Feuchttüchern
sie zu parfümierten Weicheiern gemacht hat. Zu nach Zucker und Zimt riechenden Zombies. So genannten Zimbies.
Zimbies – die seelenlosen Sklaven des Wohlgeruchs,
glauben doch gar nicht mehr an den urigen Zauber eines

Old-School-Polappens, an seine heilenden Kräfte, seinen durchweg geselligen Charakter und seinen feinen, schlüpfrigen Humor.

So ein Polappen ist der beste Freund, den sich ein Mensch wünschen kann.

Wenn man das erstmal begriffen hat, ist man schon ein ganzes Stück weiter.

Hollywood hat das schon lange verstanden.

In den meisten amerikanischen Blockbustern geht es ja verschlüsselt um Polappen.

Ich sag nur Herr der Ringe – woher wissen die Nazgûl immer, dass Frodo in der Nähe ist, obwohl sie ihn nicht sehen können? Na? Sag ich doch!

Und erst wenn man akzeptiert, dass Gollum am Ende gar nicht mit einem Ring, sondern in Wahrheit mit seinem Polappen in den Schicksalsklüften verbrennt, erschließt sich die Geschichte gänzlich. Jetzt erst versteht man die ganze Aufregung. Der zuvor überdreht wirkende Habitus einiger Charaktere erscheint nun auf einmal nachvollziehbar und schmerzhaft dicht an der Realität. Chapeau.

Genug jetzt. Themawechsel.

Zeit für etwas mehr Anspruch.

Die Errungenschaften des Polappens im Bereich der schönen Künste.

Kapitel 1 – Der Polappen in der Musik .

Eine kurze Geschichte:

Selten besungen und aufwendig vertont, hat er nie die Aufmerksamkeit bekommen, die ihm aus historischer Sicht zusteht. Nur drei Musikstücke sind bekannt, die sich mit der schwer zugänglichen Thematik befassen.

Beethoven z.B. zollte unserem unterschätzten Frotteefreund in der Demoversion seiner 9. Sinfonie mit dem Titel „Freude, schöner Götterlappen" den nötigen Respekt.

Wir erinnern uns:

Freude, schöner Götterlappen,
Bruder aus Elysium!
Wir betreten feuertrunken,
Himmlischer, Dein Heiligtum.
Deine Zauber binden wieder,
was die Mode streng geteilt,
alle Menschen werden Brüder,
wo Dein sanfter Flügel weilt.

Als Soundtrack beim allmonatlichen Auskochen des Polappens hat sich wiederum Sarah Connors schönster Titel „Brüh im Glanze dieses Lichtes" durchgesetzt.
Die Thematik auf den Punkt bringt aber letztendlich nur das mit einem Lötkolben auf ein Schneidebrettchen gebrannte Gedicht des unbekannten Talentlosen, welches man kürzlich bei der Entrümpelung eines Hauskellers in Jena-Paradies entdeckte:

Du hingst an einem Saugnapf
an einer mint'nen Fliese
und duftetest nach Urlaub,
nach Shrimps und Sommerwiese.
Wenn Dich die Menschen sahen,
dann zuckten sie zusammen
vor Schreck, sie jaulten auf
und rannten schnell von dannen.
Sie hatten keine Ahnung
welch' Wunderwerk Du bist
ein weiches Stück vom Himmel,
wie von Gott geküsst.

Und es stimmt. Nur wer sich am Ende eines feuchtfröhlichen Abends schon mal aus Versehen mit dem Polappen eines befreundeten Familienmitgliedes das Gesicht abgewischt und das erst am nächsten Morgen mitgekriegt hat, weil der eigene Gesichtslappen immer noch steinhart und trocken am Haken hängt, weiß, wie süß das Leben schmecken kann. Nur derjenige, der schon einmal den elektrisierenden Geruch der Erkenntnis, hier gerade etwas sehr dummes getan zu haben, inhaliert hat, nur derjenige kann die selige Benommenheit erahnen, die aufkommt, weil man auf einmal weiß, dass in diesem Moment alle Sünden vergeben, alle bösen Geister vertrieben sind und einem den Rest des Lebens von nun an nur noch grenzenloses Glück zuteilwird.

Was ich damit eigentlich sagen will:

Es wird sicherlich noch ein paar weitere Jahre dauern, bis ich diesen verdrießlichen Vorfall aus meiner frühen Jugend wirklich verarbeitet habe. Dennoch, ich würde alles dafür geben, ihn nochmal wiederzusehen, meinen alten Polappen. Den besten Freund, den ich jemals hatte.

„Kuckuck! Ach, da is' ja gar keiner. Moment mal. Was hatten
die alten Römer hier auf Latein in Stein gemeißelt?
„Quis id legit stultus est" - „Wer das liest ist doof..."

Der zerteilte Krieger

Da sitze ich nun in meinem neuen Büro im Prenzlauer Berg im dritten Hinterhof im Souterrain einer ehemaligen Mohnkuchenmanufaktur. Auf'm Boden. Die Wände kahl in ehemaligem weiß, in der Mitte der preiswerten Auslegware ein großer brauner Fleck in Form eines liegenden Menschen, die Farbe der Fensterrahmen so aufgeplatzt wie meine Lippen. Die vier Neonröhren an der Decke surren heller als sie leuchten. Am Heizungsrohr neben dem Fenster ist ein altes, schlampig zusammengerolltes Kletterseil befestigt, daneben liegen ein paar ölverschmierte Arbeitshandschuhe.

„Falls es mal brennt", hatte mir der Vormieter zu verstehen gegeben. Ein guter Mann.

Das Büro befindet sich im 5. Stock.

Bisher hatte ich beim Umzug in jede neue Unterkunft tunlichst darauf geachtet, dass sich ein Baum vor dem Fenster befand, in den ich im Notfall hineinspringen konnte, falls das Treppenhaus bereits in Flammen stand. Ein Seil und ein paar alte Arbeitshandschuhe erfüllten aber ebenso ihren Zweck, um mit einem Schoppen Wermut in der Hand lässig Richtung Boden zu gleiten, während meine geschätzten Freunde und Kollegen kreischend verbrannten. Vorher sollte ich das Seil aber nochmal sorgfältig entfrimeln, sonst baumele ich im Ernstfall an 'nem tierisch dicken Knoten nur 'nen halben Meter unter'm Fensterbrett, während mir meine geschätzten Freunde und Kollegen aus dem Fenster vom Gemeinschaftraum zuwinken und rufen: „Wat, bei Dir brennt's? Bei uns ist jar nischt! Sag mal, trinkst Du da ohne uns Wermut?"

Kaum, dass der Mietvertrag unterschrieben und ich wieder einigermaßen bei klarem Verstand war, verlor der soeben angemietete Arbeitsplatz augenblicklich an Glanz. Wieso war mir das vorher nicht aufgefallen? Hier sah es ja aus wie in einem Verhörzimmer der Roten Khmer.

Wie sollte ich aus dieser preisintensiven Kammer des Schreckens einen Hort der Inspiration und Kreativität zaubern? Als erstes müsste die fleckige Auslegware raus.

Nein, Stopp, muss sie nicht, der neue Teppich kommt einfach drüber, dann ist es im Winter doppelt so warm an den Füßen. Ein Paar Bilder an den Wänden. Irgendwas Fröhliches. Ein Schwein mit 'nem Storch im Mund oder ein Baby im Blumentopf oder ein Baby mit 'nem Storch im Mund oder ein lachender Schimpanse mit Lockenwicklern, der mit heruntergelassener Hose auf'm Klo verkehrt herum Playboy liest. Und eine Pflanze. So eine typische Lehrerzimmerpflanze. Was Unkaputtbares in Grün. Eine Monstera. So eine Beamten-Pflanze, die nie richtig wächst, aber auch nie richtig stirbt und sich daher hervorragend als Aschenbecher und zum Popel abschmieren eignet. Ein Stempelkarussell – davon träumte ich ja schon seit einem Klassenausflug ins Bürgeramt Wilhelmsruh. Sechs Stempel mit folgenden Botschaften: „Abgelehnt", „Liebe ist...", „Kuckuck", „Da hatte ich mehr erwartet", „Nur Milch, kein Zucker!" und „Notiz".

Einen Sitzsack, so einen großen gemütlichen Sitzsack, sowas brauchte ich auch noch. So einen Sitzsack, in den man sich von allen Seiten gedankenlos reinplumpsen lassen kann und garantiert bequem aufschlägt. Man musste nur auf die richtige Füllung achten. Letztens hatte ich einen erwischt, der mit solch federleichten Styroporkügelchen gefüllt war, dass das einzige, was mich beim Reinplumsen lassen halbwegs abgefedert hat, meine eigenen Testikel

waren und ich aus der Wäsche schaute wie ein Erdmänn-
chen aus'm Badezuber. An dieser Stelle nochmal ein großes
Dankeschön an die gesamte Belegschaft von Ikea Lichten-
berg. Alleine hätte ich es da nicht mehr rausgeschafft. Ich
bin ja so schrecklich verkürzt.

Mit rücklings gefalteten Händen ziellos durch die Straßen
der Hauptstadt schlendern.

Das ist mein ewiger Traum. Allein, es ist mir physiogno-
misch nicht gegeben.

Mit den Fingerspitzen und durchgestreckten Knien die
eigenen Zehen berühren? Von dieser Legende habe ich
schon gehört.

Für das Jahr 2016 habe ich mir daher vorgenommen, mich
mehr zu dehnen.

Yoga. Zuhause. Zusammen mit Sauron. Im Wohnzimmer.
Das ist jetzt mein neues Ding. Die von berufswegen aus-
geleierte Frau in der App im Smartphone weiß Bescheid.
Bei ihr sieht alles so leicht aus.

Wie das warme Wachs einer Lavalampe schmilzt sie vom
„Sonnengruß" über den „Herabschauenden Hund" zur
„Taube", während ich mich ungewollt auf die drei Asanas
„Verkokelte Ameise", „Der zerteilte Krieger" und „Aus-
gerutschter Mitteleuropäer" versteife. Die einzige Übung,
die mir beim Yoga richtig liegt, ist der Berg. Da steht man
einfach nur. Ganz normal. So wie anner Kasse oder anner
Ampel oder vor der Badtür. Das größte Problem beim Yoga
daheim: Wenn ich so bäuchlings mein Leben aushauche,
sehe ich unendlich viele Staubflocken auf dem Wohnzim-
merboden. „Dabei habe ich doch erst gestern gesaugt!" Aus
dieser Perspektive wirken selbst die kleinsten, längst ver-
gessenen Nasensteine wie bedrohliches Geröll. Wenn ich
da aus Versehen barfuß mit meiner Stielwarze reingetre-
ten wäre. Na gute Nacht! Wütend schnipse ich den fiesen

Kumpel erstmal zum Popel-Erstaufnahmelager unter die Heizung.

Im Büro würde ich sie selbstverständlich gleich in die Monstera legen.

Sobald es dämmert, gehen in den Wohnungen im Haus gegenüber die Lichter an. Es ist ein wenig so, als ob beim Adventskalender alle Türchen offen stehen und die Überraschungen sind noch drin.

Ab 19 Uhr flackert in jedem zweiten Wohnzimmer der Fernseher und in der Küche wird Essen zubereitet. Nur in einer Wohnung flackert die Küche und im Fernsehen wird Essen zubereitet. Das junge Fräulein im dritten Stock steht wie jeden Abend in der Küche und schält und pult und schnippelt und rührt und quirlt und würzt und schäumt auf und flambiert, löscht, schmeckt und spült ab, während ihr Freund wie Bräsicke auf der Couch vorm Fernseher lümmelt und sich aus Langeweile die Gesichter bekannter Schauspielerinnen auf dem Smartphone großzieht. Während ich ihn durch meine Jalousie mit dem Opernglas beobachte. Ich bin so sauer.

Am liebsten würde ich rübergehen, klingeln und fragen, ob wir alle nichts Besseres zu tun hätten.

Leben wie Gotti in Frankreich

Mit dem Auto von Berlin nach Tübingen und von da aus rüber nach Frankreich, die Gegend mit unserer Anwesenheit verblüffen, das hatten Sauron und ich uns in diesem Sommer vorgenommen. Wir liebten Frankreich.

Das wussten wir aus dem Fernsehen. Luis de Funes, Frauen mit neckisch wippenden Apfelbrüsten, azurblaues Meer, mit Weinbergschneckenäugleinwimpernstaub bestreute Artischocken herzen, serviert an einem 50 Kilogramm schweren halben Bauernbrot, daumendick mit mundgemolkenem Schwertfischsmegma bedampft und vom Chefkoch höchstpersönlich zwei Tage lang im Schlüppi auf kleiner Flamme erwärmt – danach stand uns der Sinn.

Wir hatten Urlaub!

1. Tag

Heute hatten wir nur ein Ziel vor Augen: Metz. Ein pittoreskes lothringisches Örtchen im Herzen einer riesigen Baustelle. Der anhaltende Dauerregen malte kleine Baguettes auf unsere Scheiben und hatte im Abgang ein sehr fruchtiges Aroma. Es gab keinen Zweifel mehr – wir hatten die Grenze überquert, wir waren in Frankreich. Von der Landschaft her sah es hier immer noch so aus wie in Deutschland, nur die Kühe, die Kühe gaben Anlass zum Verdacht. Während die deutschen Kühe schwarzweiß gefleckt und wild verstreut auf den Wiesen grasten, waren die französischen Kühe strahlend weiß, lagen immer in einer Gruppe beieinander und knabberten, wenn überhaupt, nur an den jungen Trieben der Bäume und Büsche am Wegesrand. Ich musste erneut an die Gruppe älterer Herren im Tübinger Biergarten denken. Hier unten hatten es also sogar die Tiere begriffen: Sie waren Kumpels und keine Konkurrenten.

Nach drei Stunden schnurgerader Autofahrt unter sonnenlosem Himmel hatten wir uns aber inzwischen auch an diesem sozialistischen Bild satt gesehen.

Es war, als ob die Landschaft hier aus den ewig gleichen Abschnitten gesampelt wäre.

Müdigkeit machte sich breit und wir hatten Hunger. Unser einziges Proviant, eine sättigende Sauerkirsche, vermochte es jedenfalls nicht, unsere Laune deutlich zu verbessern.

In Metz angekommen, hätten wir uns am liebsten glühende Eisen in die Augen gerammt. Es war so hässlich. Wo war die im ADAC-Prospekt versprochene Gartenstadt mit den mediterran verputzten Häusern? Und was war das hier? Eine Hommage an die Dritte Welt?

Verfallene Häuser, Schlaglöcher so tief wie der Mariannengraben, kein Mensch weit und breit; elektrisches Licht, Lebensfreude? Fehlanzeige! Unsere Verzweiflung wuchs stätig. Wo könnten wir heute nur nächtigen? Es goss ja immer noch in Strömen, unser Zelt war nicht imprägniert und die drückend schwüle Luft hatte unsere Körper während der Fahrt in zwei streng riechende Alleskleber verwandelt. Da, endlich ein Leuchtturm der Hoffnung, ein Hotel. Ein 4-Sterne-Novotel. 134,- Euro die Nacht!

Wir überlegen nicht zweimal. Wir wollen endlich schlafen und vergessen. Wir wollen alles vergessen. Vor allem den Preis. Im lieblos eingerichteten Zimmer machen wir uns erstmal unser mitgebrachtes Chili con Carne auf dem Gascampingkocher warm und schauen zum Runterkommen einen Fernsehfilm mit Hardy Krüger Junior. Obwohl Hardy Krüger „Junior" heißt, ist er eigentlich immer gekleidet wie ein alter Mann. Die Hose bis zu den Achseln hochgezogen und das Hemdchen straff oben reingestopft, besteht Hardy Krüger Junior mittlerweile nur noch zu einem Drittel aus Ober-, dafür aber zu zwei Dritteln aus Unterkörper, während sich seine köttbullargroßen Brustwarzen gierig durch den gefährlich gespannten Seidenstoff drücken. Die Handlung des Films ist Nebensache. Hardy Krüger Junior und seine Langstreckennippel sind hier die halbe Miete. In einer Schlüsselszene sagt er den aufschlussreichen Satz: „Es gibt Neuigkeiten: Ich muss los!" Wir auch. Unverzüglich begeben wir uns ins Traumland.

In meinem Traum begegne ich Hardy Krüger Junior während der 1. Mai-Demo in Berlin Kreuzberg. Er gehört zum aggressiven Schwarzen Block und schmeißt riesige, brennende Molotov- Brustwarzen auf Polizisten. Ich bin wütend. Die unerfahrenen Beamten haben keine Chance.

2. Tag

Bei Tageslicht sieht unser Hotelzimmer noch trostloser aus, als am Abend zuvor. Ein unnötig langer grauer Schlauch eingerichtet mit Möbeln aus dem Verhörzimmer der Polizeiwache am Mauerpark.

134,- Euro die Nacht! Eine Frechheit. Wir wollen so schnell wie möglich hier raus. Wir brauchen Sonne. Wir wollen endlich ans Wasser.

Wir wollen nach Paris-Plage. Wir wollen nach Le Tourquet!

Le Tourquet – das altehrwürdige französische Seebad am Ärmelkanal, empfängt uns, wie nicht anders zu erwarten, mit offenen Ärmeln. Wir passen gut hier rein.

Die Atmosphäre ist mondän. Alte Stadtvillen und leerstehende, blumenumsäumte Sommerhäuser geben sich die Klinker in die Hand.

An einem Restaurant an der Strandpromenade essen wir Cheeseburger für 15,- Euro und zum Dessert „Tarte Citron" – Zitronentörtchen. Genauer gesagt: Mürbeteigtartelettes mit Zitronencreme und einer üppigen Baiser-Haube. Das ist unsere Einstiegsdroge in die französische Kuchenszene. Le Tourquet ist eine Hochburg der französischen Backkunst. An jeder Ecke lauert eine neue Patisserie mit obszön bunten Leckereien ihrer chronisch unterzuckerten Kundschaft auf. Schon bald stecken wir bis zum Hals im Zuckersumpf mit Vanülle-Makronen, Pistazien-Eclairs und Zümtschnöcken mit H-Mülsch-Häubschen und Sirop-Hütschen. Oder wie wir Berliner sagen: angemalte Butter. Gerne würden wir auch mal was mit Erdbeeren essen. Leider gelingt es uns nicht, das französische Wort für diese begehrte Frucht korrekt auszusprechen. „Fraise", wir sagen immerzu „Fraise". Niemand versteht uns. Irgendwas machen wir falsch. Die Verkäufer zucken jedes Mal ratlos mit den Schultern und reichen uns entweder Bananen, Zahnseide oder den ausgestreckten Mittelfinger, aber niemals Erdbeeren. „Fraise!" Wir versuchen es immer wieder. „Fraise!"

Endlich fasst sich ein alter Obsthändler ein Herz und erklärte uns, dass wir das Wort nicht korrekt ausgesprochen hätten. Es heißt nicht „Fraise" sondern „Fraise". Wir müssen lachen. Natürlich, wie konnten wir nur so dumm sein. Viva la Franz!

Auf der Suche nach einer Unterkunft werden wir in Le Tourquet erstaunlich schnell fündig.

Wir werden die nächsten drei Tage im „Le Chalet" schlafen, einem kleinen 2-Sterne Hotel mit gemütlich, leicht puffig eingerichteten Zimmern und Balkon mit Meerblick. Wir können unser Glück kaum fassen. Der Besitzerin des Hotels geht es offenbar ähnlich, sie wirft mit unverschämt guter Laune um sich.

Auf meine Frage „Eine Übernachtung kostet hier also (nur) 70,- Euro?" antwortet sie hüpfend: „Eigentlich 75,- aber 70 sind auch okay. 75, 70 – das ist doch egal!"

Alles klar. Wir werden den Zimmerschlüssel in dieser Nacht zweimal umdrehen. Irgendetwas war hier faul. Hatte Norman Bates nicht auch eine dunkelhaarige, französische Halbschwester?

Als wir uns wenig später schlafen legen wollen, haben wir so große Mühe die unmenschlich straff gespannte Zudecke aufzuschlagen, dass wir vermuten, das Zimmermädchen liegt immer noch unter dem Bett und stemmt sich nun mit Händen und Füße, in alle vier Zipfel verkrallt, dagegen, damit das von ihr errichtete Ensemble auch ja faltenfrei bleibt.

Kaum, dass wir das Licht gelöscht haben, hören wir schwere Schritte im Flur.

Sauron schmiegt sich ängstlich an mich. Ich versuche sie zu beruhigen: „Das ist doch nur der Bucklige. Der geht rauf auf sein Zimmer. Viel schlimmer finde ich ja die Frau mit dem schlohweißen Haar, die sich da gerade hinter Dir kopfüber am Fenster abseilt." Wir empfinden seit geraumer Zeit eine diebische Freude daran, uns gegenseitig Gruselgeschichten zu erzählen.

„Das stimmt doch gar nicht!", entgegnet Sauron. „Eine der Deckenplatten über Dir ist lose, da kommt sie des Nächtens raus, wenn Du schläfst. Deswegen hängen ja auch die Golfschläger an der Wand." Kurzum, wir kriegen kein Auge mehr zu. Wir haben Angst und schalten den Fernseher an. Auf Arte läuft ein Film von Rainer Werner Fassbinder, über die Liebe einer 60-jährigen verwitweten deutschen Putzfrau zu einem 20 Jahre jüngeren Marokkaner. Obwohl der Film in guter Absicht gesellschaftliche Vorurteile und Rassismus anprangert, ist er so hölzern und klischeebeladen inszeniert, dass man ihn überhaupt nicht ernst nehmen kann. Künstlerischer Höhepunkt ist folgender Dialog:

„Mach mir Couscous!"

„Du weißt doch, ich kann kein Couscous machen."

„Aber Couscous ist gut!"

Zuviel für meine Nerven. Da lasse ich mich doch lieber von dem Buckligen und der Frau mit dem schlohweißen Haar im Schlaf vergolfen. Erzürnt lösche ich abermals das Licht. Sauron kommt nicht zur Ruhe. Aufgelöst wirft sie sich hin und her. Irgendetwas bedrückt sie. Ich frage nach.

„Ach weißt Du, hier in le Tourquet gibt es so viele schöne Geschäfte, aber ich traue mich in keines hineinzugehen, weil ich kein Französisch spreche. Ich muss unbedingt ein paar Sätze Französisch lernen."

„An was für Sätze dachtest Du denn da?", frage ich erstaunt.

„Na an sowas wie: ‚Ich will mich nur mal umschauen!' oder „Ich möchte nur mal dran riechen!"

Irre, die französischen Einzelhändler werden umfallen vor Glück, wenn diese Worte über ihre Lippen kommen. Sauron ist und bleibt eben eine moderne, unabhängige Frau. Ich bin stolz auf sie.

3. Tag

Hätten wir doch nur darauf verzichtet.

Von den Franzosen verharmlosend „Petit Déjeuner" genannt, entpuppt sich das kleine Frühstück im Hotel „Le Chalet" als ein Paradebeispiel überwältigender Tristesse: 2 Croissants, 2 Splitterbrötchen, 2 Rosinenbrötchen, 2 Zuckerschnecken, 2 Scheiben Sandkuchen, 1 gestrichener Teelöffel Butter, 2 mal Apfelmus, 3 mal Marmelade.

Der Franzose liebt es süß. Der Deutsche ist entsetzt. Was haben unsere Gastgeber vor? Sind diese Lebensmittel mit Gelierzucker versetzt? Wollen sie uns eventuell am Ende des Urlaubs einkochen und in handbeschrifteten Gläsern an die Familie verschenken?

Ich habe meine messerscharfen Gedanken noch nicht ganz zu Ende gedacht, da ertönt plötzlich laut Fanfarenmusik!

Hastig legen die französischen Frühstücksgäste ihr Besteck beiseite und erheben sich von den Stühlen. Die Tür zur Küche öffnet sich. Das vermuten wir zumindest. Ich habe vor Schreck in mein Splitterbrötchen gebissen. Die Druckwelle bläst Sauron vom Stuhl. Ich habe Glück. Ich komme mit einer neuen Frisur und einem Tinnitus davon. Die umherfliegenden Krümel haben unseren Tisch in eine dichte Teigwolke gehüllt. Splitterbrötchen. Wahnsinn. Das sowas überhaupt noch erlaubt ist.

Auf dem Backwarenauge ist Amnesty International offensichtlich blind.

Als sich der Glutennebel gelichtet hat, steht unsere Herbergsmutter vor uns, mit zwei Scheiben Butterkäse auf dem Tablett. Wir sind fassungslos. Sie, die süße Französin, bringt uns salzigen Deutschen zwei Scheiben Schnittkäse an den Tisch! Das ist ihr Geschenk an das gemeinsame Europa.

Ihr Zugeständnis an preußische Frühstückstraditionen. Sowas Liebes. Mit Tränen in den Augen schlingen wir die proteinreichen Kuhmilchlappen hinunter, während unsere Gastgeberin unter dem atemlosen Applaus der übrigen Gäste zurück in die Küche schreitet. Zumindest vermuten wir das. Was genau sich in dem Raum befindet, aus dem sie immer wieder hineinläuft und herauskommt, und aus dem stetiges Gebrubbel und Gekicher dringt, werden wir im Laufe unseres Urlaubs nie erfahren.

Mein Blick schweift über die aufgetischten Frühstücksutensilien. Schon auf Höhe der abgepackten Marmelade werde ich stutzig. Wir haben drei Päckchen Marmelade erhalten. Drei Päckchen Marmelade. Für zwei Personen. Wieviel Päckchen Marmelade hätten wir wohl bekommen, wenn wir einzeln zum Frühstück erschienen wären? Anderthalb? Ich kann es mir kaum vorstellen. Ich bin enttäuscht. Warum tun Menschen so etwas? Ist man zu zweit etwa weniger wert als alleine? Ist das die Botschaft, die uns hier vermittelt werden soll? Ich versuche mich zu beruhigen. Ich koste vom Kaffee. Geschmack und Farbe lassen keinen Zweifel: Es handelt sich um den legendären „Early-Grey". Aufgekocht mit dem würzigen Abtropfwasser handgewrungener kolumbianischer Zobel.

Jetzt bin ich munter und bereit für einen Spaziergang.

Wir wollen an den Strand, um uns an der unverschämten Beweglichkeit des Meeres zu berauschen und von lauwarmen Atlantik-Brisen das Gesicht streicheln zu lassen.

Nachdem uns ein unerwartet straffer Südwind innerhalb von fünf Minuten dermaßen gesandstrahlt hat, dass der eine so aussieht, wie der andere heißt, beschließen wir der gefühlten Apokalypse den Rücken zu kehren und etwas zu essen, obwohl wir überhaupt keinen Hunger haben.

Das machen wir in letzter Zeit immer so, wenn wir nicht weiter wissen.

Auf dem Weg zum Supermarkt kommt uns ein älteres Ehepaar entgegen.

Man sieht den beiden an, dass sie schon ein paar gemeinsame Buckel auf dem Rücken haben. Mit toten Augen tragen sie ihre Tschibo-Windjacken spazieren. Die zwei kommen an einem kleinen Biergarten vorbei. Plötzlich kommt Leben in den Mann. Er hat offensichtlich ein paar uralte Kumpels entdeckt, die laut lachend ihr Mittagsbierchen zu sich nehmen und ihn ebenfalls maßlos begeistert zu sich heranwinken. Instinktiv macht der Mann Anstalten vom Bürgersteig nach rechts weg in den Biergarten auszuscheren, um seine alten Freunde zu begrüßen. Er kommt keinen Meter weit, da hat ihn seine Frau auch schon am Kragen der Windjacke gepackt und reißt ihn wie einen ungezogenen Hund zurück.

Der Mann jault kurz auf, leistet ansonsten aber keinen nennenswerten Widerstand.

Still und rückstandslos entseelt folgt er dem fest vorgeschriebenen Pfad seiner strengen Begleiterin.

So sieht also Glück im Alter aus. Jede noch so kleine Flucht aus dem streng durchgeplanten Alltag, jedes matt schimmernde Abenteuer wird augenblicklich im Keim erstickt. Ängstlich gucke ich zu Sauron herüber, sie schaut mir lange in die Augen und drückt meine Hand so fest, dass mein Wurzelknochen zerbröselt, wie ein Keks im Schuh von Tine Wittler. Mein Gott, diese Augen. Ich habe verstanden.

Genauso würde es kommen.

Im Supermarkt angelangt, sind wir zunächst ein wenig ratlos, weil wir ja, wie gesagt, überhaupt keinen Hunger haben, sondern nur Langeweile. Unschlüssig schlurfen wir durch die Gänge. Wir suchen irgendwas Leichtes, was Frisches. Etwas, das schmeckt und trotzdem gesund ist. Ich muss lachen. Grundlos. Ein peinlicher Moment. Und dann, auf einmal, ich traue meinen Augen kaum: Was liegt denn da verzehrfertig abgepackt und inklusive Löffel im Kühlregal?!

„Couscous mit Gemüse und Huhn".

Couscous! Ich muss an den seltsamen Fassbinder-Film von gestern Abend denken: „Aber Couscous ist gut!", hatte Herr Ali gesagt. Wir kaufen zwei Schälchen dieser uns bisher fremden Köstlichkeit und verputzen sie noch bevor der Bezahlvorgang komplett abgeschlossen ist. Unser Urteil ist einstimmig. Wir biegen hinter der Kasse scharf links ab und gehen gleich nochmal durch das Drehkreuz. Noch zwei Packungen. Für „später". Ach Quatsch, wir nehmen gleich vier. Zwei für heute Abend und zwei für morgen Früh. Es ist, als hätte unser Körper seit der Geburt auf Couscous gewartet und holte sich nun das, was wir ihm aus blanker Unwissenheit seit Jahren verwehrt hatten.

Couscous – dieses Lebensmittel überzeugt uns in Konsistenz und Geschmack auf ganzer Linie. Kartoffeln, Reis und Nudeln – Tschüssikowski! Ihr habt uns lange genug schwer im Magen gelegen.

Eine neue Ära der Nahrungsaufnahme ist angebrochen.

Das war Sauron und mir sofort klar. Der Couscous würde bessere Menschen aus uns machen.

Schlank und ausgeglichen würden wir von nun an durch die glückgeschmückten Gärten der Genügsamkeit wandeln. Oder aber... oder aber es würde so enden, wie damals. 1990. Als wir uns vor lauter Wiedersehensfreude monatelang ausschließlich Onken-Mehrkornjogurt reingepfiffen haben, weil wir glaubten, da wäre alles drin, was uns die sozialistische Naschkatze Erich Honecker zuvor immer weggefressen hatte.

Onken-Mehrkornjogurt – das war nach der Wende die stärkste Währung, das überzeugendste Argument, der funkelndste Stern am Firmament der guten Laune. Nur zwei Jahre später hatten wir uns dann aber restlos überfressen. Dann war der „Große Becher Onken" kein Vergnügen mehr, sondern eine ekelerregende Abartigkeit.

Ein Phänomen, dass sich nur wenige Jahre später mit „Berentzen Saurer Apfel" wiederholen sollte.

Ob dem köstlichen Couscous das gleiche Schicksal droht, das hängt allein von unserer Selbstbeherrschung ab, denke ich, und muss schon wieder lachen. An der Käsetheke ist gerade ein dicker schielender Junge mit Überbiss und Segelohren auf einer Weintraube ausgerutscht und schafft es nun, bäuchlings auf dem Boden liegend, nicht mehr aus eigener Kraft sich aufzurichten. Seine drei Klassenkameraden kriegen sich kaum noch ein. Ich geselle mich zu ihnen, um besser sehen zu können und werde nicht enttäuscht: Es ist wirklich zum Quietschen. Der dicke Junge versucht es immer wieder, sein Kopf ist bereits puterrot und er röchelt wie eine Riesenschildkröte bei der Paarung, aber es hilft alles nichts, er kommt einfach nicht hoch. Mit der Zeit wird sein Atem flacher. Seine Bewegungen schwächer. Ein seltsames Zucken in den Beinen. Dann ist Ruhe. Der dicke, schielende Junge mit Überbiss und Segelohren gibt keinen Mucks mehr von sich. Jetzt hören auch seine Klassenkameraden auf zu lachen und verlassen peinlich berührt den Supermarkt. Ich kann mich einfach nicht satt sehen und verweile noch ein bisschen. Und dann, auf einmal, kaum, dass seine gleichaltrigen Peiniger außer Sichtweite sind, hebt der dicke Junge den Kopf, stößt sich mit den Füßchen ab und rutscht, einem Pinguin gleich, auf dem Bauch Richtung Süßwarenabteilung, um sich dort nach einer kurzen Verschnaufpause an einem aus der Verpackung baumelnden Speckseil am Regal hochzuziehen und bis aufs Blut gedemütigt in eine wütende Zukunft zu hinken. Ich bin mir sicher: Soeben habe ich meinen ersten Serienmörder im Welpenstadium gesehen.

Dieser Junge würde schon bald auf die dunkle Seite wechseln und Akkordeon lernen. Doch das wäre nur der Anfang.

Als wir abends im Bett liegen, frage ich Sauron, ob sie an Karma glaubt. Nein, mit Margarine hätte sie nicht viel am Hut.

Butter. Butter hingegen sei genau ihr Ding.

4. Tag

Mein Wissen über Le Mont-Saint-Michel beschränkt sich auf eine Abbildung auf einer Postkarte, die ich mal in einem Kinofilm, der mal im Fernsehen lief, gesehen habe.

Le Mont-Saint-Michel – eine felsige Insel im Meer mit einer riesigen Abtei drauf. Das reicht mir. Da will ich hin.

Auch Sauron ist schon ganz aufgekratzt. In unserem ADAC-Frankreich-Reiseführer hat sie ein gedrucktes Aquarell entdeckt, auf dem eine Gruppe von Menschen unterschiedlichsten Alters mit hochgekrempelten Hosen durch das flache Wasser Richtung Kloster watet. Das will sie auch. Sie scheint geradezu besessen von dieser saloppen Art der Fortbewegung.

Das letzte Mal, dass ich mir die Hosen hochgekrempelt habe, um durchs Wasser zu waten, das war 1996, als meine Eltern und ich im Zuge eines zweiwöchigen Mexikourlaubs, knapp 10 Kilometer von Acapulco entfernt, einen Bootsausflug zur „Coyuca-Lagune" wagten, um uns dort an den Original-Schauplätzen von „Rambo II" satt zu sehen. Unser schmales Holzboot legte knapp zwei Meter vom Strand entfernt an, so dass alle Mitglieder unserer Reisegruppe Schuhe und Strümpfe ausziehen und die Beinkleider umschlagen mussten, um trocken anzulanden. Den geschlossenen Aufschrei des blanken Entsetzens kann man sich vorstellen.

Wir hatten Urlaub in der Sonne gebucht und kein Boot Camp bei den Navy Seals!

Schuhe und Socken ausziehen und dann ab durchs Wasser – das waren ja Zustände, wie damals in ... Uns fiel auf die Schnelle kein passendes Beispiel ein. Dieses unerhörte Ereignis stand offensichtlich für sich selbst. Jedenfalls waren wir alle stinksauer und ließen es daher beim anschließenden „Sonnenuntergangs-Dinner mit Komasaufen" umso doller krachen.

Die Kellner hatten uns aus dekorativen Gründen mit Silberfolie umwickelte Bauarbeiterhelme aufgesetzt und schlugen uns die Kurzen immer kraftvoll auf die Omme. Nur so war garantiert, dass das Schnaps-Himbeergemisch auch schön süffig aufgeschäumt war, bevor wir es uns jauchzend in die Schlünde schütteten, um dann ohne Rücksicht auf die unantastbare Würde des Menschen „Macarena" zu tanzen oder uns mit blutunterlaufenen Derrick-Augen unentwegt vom Kalten Büffel nachzuholen.

Kurzum: Eine Riesennummer!

Als wir bei der Rückkehr aufs Boot erneut durchs knietiefe Wasser waten mussten, beschwerte sich jedenfalls niemand. Viele von uns ließen sogar Socken und Schuhe an. Die Elemente spielten für sie überhaupt keine Rolle mehr. Alkohol – der beste Freund des Menschen. Noch vor dem Hund.

Ein stummer Mediator, der Homo Sapiens und Natur zuverlässig verbindet.

Diese Gedanken schießen mir durch den Kopf, als ich 5 Kilometer vor der Abtei Mont-Saint-Michel auf der Landstraße nochmal Wasser abschlage, um das aus dem Meer hervorploppende Meisterstück französisch-normannischer Architektur denn auch mit der nötigen Ruhe und Gelassenheit besichtigen zu können.

Sauron hockt aus demselben Grund hinter der geöffneten Beifahrertür.

Als sie fertig ist, scheint es, als wäre sie selbst Le Mont-Saint-Michel – ein in Sonnenlicht getauchtes Wunderwerk umgeben von Wasser, durch das sie nun sogar hindurchwaten musste, um wieder einzusteigen. Ich wage zu bezweifeln, dass ihr Pendant aus Sand und Stein mich ebenso zu beeindrucken vermag.

Ich soll mich täuschen: Le Mont-Saint-Michel entpuppt sich als ein gewaltiger Augenschmaus. Da bleibt einem nichts anderes zu sagen als: „Hut ab, heiliger Michel. Hut ab!" Zumindest von weitem. Wer weiß wie es wirkt, wenn wir erstmal direkt davor stehen. Vom Parkplatz bis zur Insel sind es noch gut 2,5 Kilometer. Sauron schaut mit wässrigen Augen aufs trockene Meer. Egal, wo wir auch hingucken, weit und breit kein Wasser zum knietiefen Waten.

Ebbe. Die Insel im Meer ist momentan ein Berg im Schlamm, den man nur über einen lustlos bepflanzten Straßendamm erreicht. Als wir nach einer dreiviertel Stunde intensiven Schlanderns (halb Schlendern, halb Wandern) endlich auf dem höchsten Aussichtspunkt der Klosterinsel ankommen, um kurz durchzuschnaufen und ein wenig Couscous zu uns zu nehmen, fährt Sauron schon nach dem dritten Löffel hoch und schreit:

„Da, da hinten, da waten sie. Da waten doch welche!"

Nicht ohne mit dem Mund ein ächzendes Geräusch abzusondern, um zu unterstreichen, dass ich hier gerade im Begriff bin, etwas zu tun, das mir schweres Unbehagen bereitet, erhebe ich mich umständlich von der mittelalterlichen Steinbank und lasse meinen Blick energielos über die Brüstung Richtung Atlantik schleifen.

„Sicher, das mag ja sein, dass da hinten welche waten. Aber wohin? Zurück nach Großbritannien?", sage ich nüchtern und muss schon wieder lachen.

„Zurück nach Großbritannien"— ein Knaller!

„Zum Waten fehlt uns die Zeit", gebe ich zu bedenken. „Die Sonne neigt sich dem Untergang und wir wissen noch nicht, wo wir unser Nachtlager aufschlagen sollen."

„Warum redest Du denn auf einmal so komisch?", will Sauron wissen.

„Ich glaube das liegt an der Umgebung hier, diese altehrwürdigen Mauern – sie geben meiner Zunge die Kraft, das auszusprechen, wozu ich in einem Neubau nie fähig wäre. Du Opfer."

Das mit „Du Opfer" am Ende einer Aussage habe ich mir von den Jugendlichen abgeschaut. Das klingt so schön frisch und modern und verleiht selbst den trockensten Sätzen einen beschwingten Abgang.

„Vom Eise befreit sind Strom und Bäche, Du Opfer." „Ja, ich will, Du Opfer."

Für Satzanfänge hingegen bevorzuge ich seit jeher das joviale Eröffnungswort „Alter".

„Alter, Du bist wunderschön." Das sage ich Sauron so oft ich kann, weil ich weiß, dass sie sich über Komplimente freut.

Ihre Antwort lässt dann meist nicht lange auf sich warten: „Isch hab Dich voll lieb, Du Missgeburt!"

Hach, toll. Die deutsche Sprache macht so viel Spaß, wenn man sie nur richtig nutzt.

Viele Menschen wissen ja gar nicht mehr um die beinahe unendliche Vielfalt der Worte.

Genau deswegen werde ich auch ein wenig ungehalten, als sich Sauron und der verfickte Schrankenautomat eine halbe Stunde später, beim Versuch, den Parkplatz zu verlassen, mehrere Minuten lang tief in die Augen schauen und anschweigen, ohne dass etwas Nennenswertes passiert. Irgendwie sind die beiden nicht in der Lage, sich gegenseitig zu vermitteln, was sie denn nun eigentlich voneinander wollen.

Mein zarter Vorschlag, doch einfach die Kreditkarte zum Bezahlen in denselben Schlitz zu schieben, in dem gerade schon der Parkschein auf nimmer Wiedersehen verschwunden ist, wird von Sauron überhaupt nicht zur Kenntnis genommen, die Schlange der drängelnden Autos hinter uns hingegen immer länger.

Dann plötzlich: Sauron drückt einen Knopf. DEN Knopf.

Der Knopf ist neben dem Schlitz das einzige Feature des Parkscheinautomaten. Erstmal passiert eine ganze Weile gar nichts, doch dann, auf einmal: ein kurzes Knacken, ein Rauschen, wieder ein Knacken, eine Frauenstimme meldet sich, auf Französisch. Unsere Frage, ob sie eventuell auch Englisch spräche, beantwortet die Frauenstimme unmissverständlich mit: „Yesterday!"

Alles klar. Das war's. Wir sind verloren. So geht es also zu Ende. Ein aufgebrachter Mob wird uns hier an der Parkplatzschranke vor Le Mont-Saint-Michel mit scharfkantigen Baguettes von gestern niederknüppeln.

Ängstlich schaue ich in den Rückspiegel. Die ersten Autofahrer öffnen ihre Picknickkörbe.

Nachdem Sauron in einer Melange aus Verzweiflung und dem sehnlichen Wunsch nach Verständigung immer wieder „Frère Jaques" singt, um auf unsere unbehagliche Situation aufmerksam zu machen, wird die Frau endlich weich und erklärt uns unter Zuhilfenahme verschiedener Comic-Geräusche, dass wir die Geldkarte einfach in den selben Schlitz stecken sollen, der zuvor schon den Parkschein so hastig eingesaugt hat wie eine durstige Pornodarstellerin die vergorene Zipfelmilch eines gutmütigen Berbers inmitten kochend heißer Wüste. Karte in den Schlitz also. Aha! „Na das ist ja 'ne Überraschung!", denke ich, sage aber nichts. Es tut einfach gut, Recht zu haben und kein großes Trara drum zu machen.

Das zumindest versuche ich Sauron in einem zehnminütigen Monolog zu erläutern.

Aber sie hört mir überhaupt nicht richtig zu.

Sie hält unentwegt Ausschau nach einer Übernachtungsmöglichkeit. Ein mit Zedern umsäumter Parkplatz mitten im Nichts weckt ihr Interesse, „weil die Abendsonne gerade so schön durchscheint". Meine Bedenken, dass uns hier mit hoher Wahrscheinlichkeit des Nächtens ein prall-

gefüllter Trucker in die Kunst des „teabaggings" einweisen wird, verödet Sauron mit der schnippischen Bemerkung: „Na sollen wir uns einen Rastplatz malen, oder was?"
Die Stimmung ist gereizt. Die Nerven liegen blank. Die Frau, die ich liebe, ist nicht mehr da. Genau wie damals, im Urlaub auf Mallorca. Ich weiß es noch wie heute:
Wir hatten uns mit dem Mietauto in Palma verfahren und völlig die Orientierung verloren. Um mich selber ein wenig zu beruhigen, sang ich leise die Zeilen meines kürzlich wiederentdeckten Lieblingsliedes aus dem Knalleralbum „Der Traumzauberbaum":

„Schenkt mir ein Liebkosewort,
dann fliegen mein Sorgen fort,
die großen und die kleinen,
dann muss ich nicht mehr weinen
und freue mich den ganzen Tag,
dass mich jemand gerne mag."

Und nochmal, und nochmal, und nochmal.
Bereits nach der 50ten Wiederholung erkundigte sich Sauron interessiert, ob ich ihr zur Abwechslung vielleicht auch mal kurz eine geschlossene Klappe schenken könnte.
Ich hielt diese dreiste Bemerkung zunächst für einen Scherz, aber Saurons eiskalte Augen und ihre flatternden Nasenflügel sprachen eine ganz andere Sprache:
„Ich kann auch gleich mal aussteigen", drohte ich.
„Na dann mach mal hinne, gleich ist nämlich eigentlich jetzt schon wieder vorbei", würzte Sauron nach.
Ich war hin- und hergerissen. Sollte ich sie verhauen oder ganz doll wütend bumsen? Mehr passende Antworten auf diese unerhörte Frechheit fielen mir in jenem Augenblick einfach nicht ein. Na gut, ein Kompromiss: Ich schob „As Nasty As They Wanna Be" von der 2 Live Crew in den

CD-Player, um mein Frauenbild in gewohnte Bahnen zu lenken. Bloß nicht zu sehr verkopfen, bloß nicht zu sehr verkopfen – das sagte ich mir immer wieder und fragte mich gleichzeitig, ob nicht auch ein Feingeist wie der berühmte Kirchenmaler Giotto di Bondone hin und wieder mal Lust verspürte, seiner Frau ordentlich die Freske zu polieren.

Es ist doch wirklich verrückt, wie oft einem im Leben die Laune von grobschlächtigen Bemerkungen getrübt wird, obwohl eigentlich überhaupt noch nichts Greifbares passiert ist. Wir Menschen haben noch viel zu lernen, z.B. von den Steinen.

„Bloß nicht verkopfen! Bloß nicht verkopfen!" – das ist auch jetzt das Gebot der Stunde, auf der Suche nach einem geeigneten Nachtlager.

Endlich, ein Zeltplatz! Ein gemütlicher Zeltplatz mit schattenspendenden Bäumen und Sträuchern.

Die Frau an der Rezeption schaut freundlich drein. Das nutzt ihr aber nichts. Wir bauen unser Zelt auf, werfen den Campingkocher an und erhitzen eine Büchse Cassoulet – einen französischen Bohneneintopf mit Speck, gepökeltem Schweinefleisch und Würstchen. Ein Gericht, das an Deftigkeit seinesgleichen sucht. Ein gestrichener Esslöffel davon würde ausreichen, um das Welthungerproblem in den Griff zu kriegen, aber davon ahnen wir gar nichts. Wir schlingen wie die Besengten und kippen uns nebenbei 'ne Flasche „Cidre Brut" rein. Von Genuss keine Spur. Wir suhlen uns in Maßlosigkeit. Wir haben Urlaub! Um den Abend würdevoll abzurunden, rauchen wir einen Knüttel und entdecken daraufhin unsere Liebe für Ziegenkäse mit Sauerkirschmarmelade. Wir lachen viel. Es hilft alles nichts.

Unsere Laune wird einfach nicht schlechter. Erst, als ich mich daran mache, das Geschirr abzuspülen, ziehen dunkle

Wolken auf. Angeblich hätte ich mir auf dem Weg zu den Waschräumen „...ohne nach links und rechts zu gucken, einen Stechschritt erlaubt, als ob mir der ganze Zeltplatz gehören würde." Und beim Abwaschen selber hätte Sauron neben mir gestanden wie eine Idiotin, vom Zeltaufbau mal ganz zu schweigen. „Alles hast Du alleine gemacht", unterstellt sie mir entrüstet.

„Ja", antworte ich. „Ich habe alles alleine gemacht. Das stimmt. Das wirft man Gott ja auch immer wieder vor, dass er alles alleine gemacht hat. Und dass deshalb keiner so richtig versteht, wie das hier auf der Erde denn nun eigentlich so genau funktioniert. Aber ich wollte Dir Arbeit abnehmen, Sauron. Ich wollte, dass Du Dich erholst und entspannst. Ich wollte Dich verwöhnen. Und das mit dem Stechschritt, das ist doch ganz logisch. Ich kann doch hier als Neuer nicht über den Zeltplatz laufen wie ein Nappel. Dann sehen die anderen Camper doch sofort: Frischfleisch, leichte Beute! Dann sind wir ständig irgendwelchen Späßen und Schabernack ausgesetzt, weil alle wissen, dass wir uns hier noch nicht auskennen. Wie waidwunde Rehe würden sie uns beobachten und sich im Moment des Strauchelns über unsere kostbare Zahnpasta, das Rei in der Tube und die Wäscheklammern hermachen. Manchmal habe ich das Gefühl, Du begreifst einfach nicht, dass der Mensch von Natur aus böse ist, Sauron."

Mit zunehmender Dunkelheit beruhige ich mich wieder ein wenig. Als wir gegen 23 Uhr endlich im Zelt liegen, frage ich Sauron, ob wir nicht noch Sex machen wollen. Sie antwortet: „Ja, ich wusste jetzt auch nicht so genau, wir haben doch schon unsere Schlafsäcke zugemacht."

Sie hat Recht, der Aufwand würde das flüchtige Hochgefühl einer Paarung nicht rechtfertigen.

Solange noch nicht der quickiefreundliche Sprengsack erfunden ist, der am Stück vom Körper fliegt, sobald man an der Kordel zieht, solange werden wir in unseren Mumien-schlafsäcken liegen bleiben und an uns selber rumspiel-en, um uns zu fortgeschrittener Stunde in einem fiebrigen Halbschlaf wie zwei dicke Raupen aneinander zu reiben.

5. Tag

Obwohl ich am Morgen die Augen aufmache, sehe ich nichts. Mein Körper ist von kühler Feuchtigkeit umman-telt und ich kriege keine Luft. Es hat die ganze Nacht ge-regnet. Unser graues Zeltdach liegt nass und schwer auf meinem Gesicht und meinem gestählten Body. Von außen sehe ich vermutlich aus wie der in Karbonit eingefrorene Han Solo. Von innen fühle ich mich allerdings mehr wie der orientierungsloseste unter den Jedi-Rittern:
Wo-Wie-Wann Kenobi. Sauron geht es ähnlich. Da liegen wir nun, am sechsten Urlaubstag blind eingeschweißt vor Le Mont-Saint-Michel in unserer tragbaren Behausung. So dicht nebeneinander sehen wir von außen vermutlich doch eher aus wie ein in Blei gegossenes russisches Ehrenmal. Die gelähmte Mutter und ihr gefallener Sohn beim Power-nap vor Stalingrad.
Irre. Dieses Zelt. Was für eine Saugkraft. Es gehört Sauron. Vermutlich eine Treueprämie von OB, wenn ich mir diesen gut abgehangenen Altherrenwitz hier an dieser Stelle er-lauben darf.
Zeltdach imprägnieren, das muss ich echt unbedingt mal machen. Vorgenommen habe ich es mir ja schon lange. Aber jedes Mal, wenn ich mit der Sprühdose davor stand, überkamen mich Zweifel, ob das Zelt nach vollendeter Imprägnierung dann denn überhaupt noch richtig atmen könne, oder ob wir von nun an immer mit dem Gesicht am Reißverschluss liegen müssten, um nicht des Nächtens im

Schlaf zu ersticken. Atmen ist wichtig!

„Der Schuh muss atmen!", hatte mir mal ein Kassierer bei Kaiser's in den Schönhauser Allee Arcaden entgegnet, als er sich weigerte, das Lederimprägnierspray, das ich zu kaufen bereit war, über den Scanner zu ziehen. „Nehmen sie lieber Vaseline, der Schuh muss atmen!"

„Das sind aber Wildlederschuhe!", gab ich zu bedenken.

Der Kassierer schaute mir tief in die Augen. Ansonsten passierte eine ganze Weile nichts.

„Wildlederschuhe", wiederholte ich. Keine Reaktion.

„Wildlederschuhe", versuchte ich es ein drittes Mal und bündelte meinen Blick entschlossen. Endlich machte es: Piep. Das Imprägnierspray hatte die Laser-Grenze erfolgreich überschritten und gehörte nun mir.

„Mit diesem Soßenpulver wollen Sie sich das Geschnetzelte ruinieren?", hörte ich den Kassierer die Kundin nach mir noch anbrüllen. „Nehmen Sie lieber Vaseline, das Huhn muss atmen!" Eine Woche später saß bereits eine andere Fachkraft auf seinem Drehstuhl. Ich sah ihn nie wieder. Den Vaseline-Propheten vom Prenzlauer Berg. Einen der größten Freigeister unter den Kassierern. Nur einem war ich bisher begegnet, der ihm das Wasser hätte reichen können: Der dicke, tätowierte Freigänger an der WalMart Supermarktkasse im Urlaub in Florida, der immer erst gewissenhaft alles Lesbare auf den Verpackungen studierte, bevor er die einzelnen Produkte über den Scanner zog. Vermutlich hatte er Angst sonst gegen Bewährungsauflagen zu verstoßen.

P i e p . . . . P i e p . . . . Piep . . . . Seine Arbeitsweise hatte etwas einschläfernd Bedrohliches.

Diese Gedanken schießen mir durch den Kopf, während ich versuche, Sauron und mich mithilfe einer spontan errichteten Erektion, vom schweren, nassen Zeltstoff zu befreien. Es gelingt auf Anhieb, aber Sauron muss sich beeilen. Ich kann es nicht lange halten. Ich habe mich erotisch hochgepeitscht, meine Lenden bäumen sich bereits bedrohlich auf. Sauron versucht mit der abtörnenden Bemerkung „Palästina, Palästina!" etwas Zeit zu gewinnen. Doch es hilft nichts. Politisch bin ich einfach abgestumpft. Meine Hände krallen sich bereits in den Zeltboden. Ich werfe meinen Kopf hin und her. Ich bin ein Tier. Mit einem halsbrecherischen Schlusssprung flutscht Sauron gerade noch so durch die Dederon-Tür, dann bricht die Hölle los. Orgasmus ist hier das falsche Wort. Urknall. Ich spreche vom Urknall. Der quickiefreundliche Sprengsack, er ist nun auf einmal kein Traum mehr. Als ich kurz darauf ebenfalls wie ein verdroschener Blob aus der Zelttür quelle und mich umschaue, kommt es mir vor, als sähe alles noch so aus wie vorher. Das kommt vom Schock. Heulend renne ich zu den Waschräumen, um mich zu säubern. Ich fühle mich schmutzig. Ich drehe das kalte Wasser auf, hocke mich auf die vergilbten Fliesen der Duschkabine und ritze mir mit dem rostigen Campingmesser einen weiteren Strich in den Unterarm. 993. Nur noch sieben Schuss, dann würde sich meine Wirbelsäule verformen.

Dieser Gedanke macht mich traurig. Klar es gibt noch viele andere schöne Dinge im Leben. Aber die kann ich mir nun mal nicht leisten. "Mon Eclair et moi" denke ich und muss lachen. Ich weiß überhaupt nicht, was das bedeutet. Ich kann doch kein Französisch.

Als ich eine halbe Stunde später kreidebleich zu unserem Stellplatz zurückkehre, wartet Sauron bereits mit einer Tasse frisch gebrühtem Couscous auf mich. Sie ist eine gute Frau. Vielleicht sollte ich sie heiraten, vielleicht sollte ich ihr einen Antrag machen, oder zumindest ein Kind, gleich hier an Ort und Stelle.

Na ich warte mal lieber ab, bis heute Abend.

Wer weiß was passiert.

Unser Ziel für heute ist La Rochelle. Der Reiseführer lässt keinen Zweifel daran, dass uns hier die Augen aus dem Kopf fallen werden und auch der französische Elvis Jesse Garon hat „Gänsehaut-Alarm auf Mallorca", wenn er singend von der malerischen Hafenstadt berichtet.

Das lässt hoffen. Meine Laune wird besser. Wir durchfahren pittoreske Dörfer mit grobsteinigen, stockrosenumsäumten Häusern und sattgrünen Fensterläden. Einfach toll. Die Luft ist weich und süß. Der Himmel so blau, dass man am liebsten reinhüpfen möchte. Ich pfeife vor Wonne. Kein gutes Zeichen.

Die Vergangenheit hat gezeigt: Wer morgens pfeift, wird abends weinen.

Aber so lange dauert es dann zum Glück doch nicht. Schon als wir in La Rochelle einfahren, überkommt uns eine Ahnung von Trauer. Malerisch, sicher. Aber eben mehr so Picasso als Caspar David Friedrich. Die alte Hafenstadt überrascht zudem mit einer atemberaubend urigen Keimigkeit. Alles hier sieht irgendwie so aus, als ob es schon lange nicht mehr da sein dürfte. Unzählige Gruppen biernasiger, mittelalter Männer mit rosa verbrannter Schweinchenhaut und sonnenuntergangsfarbenen Stummeln, aka Zähnen, haben sich brüllend in den Cafés am Hafen versammelt, um bei 10,11,12 Bierchen bauchfrei gegen den Goldenen Schnitt zu protestieren. Kurzum, hier in La Rochelle gibt es nichts, was unser freizeitgeschultes Auge erfreut. Jesse Garon muss bis über beide Ohren verliebt und auf Pilzen gewesen sein, als er seine Erregung zu dieser Stadt so eindringlich in Töne packte.

Mit diesem Bonus können Sauron und ich leider nicht dienen. Wir sind seit fast einem Jahr zusammen. Da liegen die Schmetterlinge im Bauch bereits faul auf dem Rücken. Was uns verbindet ist Trägheit. Eigentlich die schönste Station einer Partnerschaft.

Wir verlassen La Rochelle mit angewidertem Gesichtsausdruck und folgen der Küstenstraße, vorbei an Hotels und Strandrestaurants. Menschen flanieren in luftiger Sommerkleidung, das Meer glitzert hellblau in der Sonne wie geschmolzenes Schlumpfeis. Glücksgefühle kommen auf. Ein Verständnis von Unendlichkeit und die Sicherheit, dass alles immer weiter, alles seinen Gang geht, auch wenn man schon lange nicht mehr da ist. Zum Kotzen, wie ich finde. Die Idee des Lebens ist nun mal größer als man selbst. Man darf sich einfach nicht so wichtig nehmen.

Leider hat das der Arsch, der da mit 15 km/h auf der Dorfstraße vor uns herkriecht, anscheinend überhaupt noch nicht verinnerlicht. Da können wir noch so oft hupen. Wir überholen. Ich kurbele die Scheibe runter und werfe mit den alten Zündkerzen, die ich für solche Fälle im Handschuhfach aufbewahre, nach dem unempathischen Sonntagsfahrer. Bei sowas werd' ich einfach wütend. Elektrischer Rollstuhl hin, elektrischer Rollstuhl her.

Es ist bereits 17 Uhr und Sauron und ich haben keine Ahnung, wo wir heute schlafen sollen.

Freiheit! Bei der Urlaubsplanung nannten wir das noch Freiheit. In der Praxis ist es schlichtweg ermattend. Diese Furcht vor einer ungemütlichen Schlafstätte, sie raubt uns die ganze gute Laune. Der Himmel hat sich zugezogen. Das Meer ist schwarz und wild. Ein kleines Mädchen winkt uns zu. Es ist hässlich. Wir winken nicht zurück. Wir hören Mucke. Unser Lied: Den CooCoo-Song aus „Dick und Doof".

Dazu haben wir das erste Mal getanzt, Sauron und ich, damals auf dieser legendären Wohnungseinweihungsfeier. Zumindest behauptet das die Polizei. Wir selber wissen von dem Abend so gut wie nichts mehr. Es gab Bowle. Das letzte woran ich mich erinnern kann, ist, dass ich unten an der Tür geklingelt habe.

Endlich, in einer Seitenstraße werden wir fündig. Ein Hotel! Die Frau am Empfang sieht aus wie ein sehr doofes Huhn. Ihr rudimentäres Kinn mündet nahtlos in einer Art Schnabellappen und ihre Augen gucken wie zwei stumpfe, zerkratzte Glasmurmeln links und rechts auf Schläfenhöhe aus dem Kopf.

Als wir direkt vor ihr stehen, bin ich mir nicht sicher, ob sie uns überhaupt sieht. Als ich mit der internationalen Begrüßungsformel „Huhu!" das Gespräch eröffne, zuckt sie jedenfalls ordentlich zusammen und mustert uns aufgeregt seitlich mit nur einem Auge, während sie Französisch zeternd hinter ihrem Tresen auf und ab geht.

Drei Regenwürmer später hat sie sich aber schon wieder ein wenig beruhigt und zeigt uns ein Zimmer im Erdgeschoss mit einem traumhaften Meerblick. Der traumhafte Meerblick kommt aber kaum zur Geltung, weil es im ganzen Raum riecht, als hätte ein totkranker Spargel- und Butterfischliebhaber Möbel und Wände über Jahre hinweg lückenlos mit Exkrementen bestrichen.

Wir fühlen uns gleich wie Zuhause. Nach zwei Flaschen Sagrotan auf ex.

Viva la Franz.

6. Tag

Wieder einmal sieht es so aus, als könne nur das Nervengift Alkohol die Urlaubsstimmung aufrechterhalten und uns eine halbwegs sterile Nachtruhe garantieren. Entschlossen nehmen wir auf der Terrasse einer kleinen Strandbar Platz. Wir sind die einzigen, die diesen Schritt wagen. Alle anderen Gäste sitzen drinnen in einer Art riesigem Glaskasten. Kein Wunder. Es ist kühl und windig. Graue schwere Wolken walzen bedrohlich dicht über unsere Köpfe hinweg. Der zuverlässig umherfliegende feine Strandsand lässt unsere Zähne knirschen.

Einen Tequila Sunrise und drei Mojito später ist die Welt aber schon wieder warm und weich. Wir schauen hinaus aufs Meer. Das Meer ist unser aller Mutter. Deswegen fühlt man sich hier auch immer so wohl. „Urfruchtwasser", denke ich. Hier hat meine Ausbildung damals angefangen. Einzeller, Mehrzeller, Wirbelloser, Fisch, Amphibie, Reptil, Säugetier. All das war ich schon mal. Nun bin ich ein Mensch. Ein Mensch mit zu viel Empathie und dem Bewusstsein, dass das Leben ein ganz hinterfotziger Geselle ist, auch wenn seine unerwartet aufblitzende Schönheit das einen hin und wieder vergessen lässt. Wäre das Leben ein Auto, ich würde es nicht kaufen.

„Kann sein, dass Ihnen nach 36 Kilometern der Motor explodiert, vielleicht aber auch nicht. Rechnen Sie einfach mit allem. Das ist unsere Garantie."

Der Delphin, ich muss an den Delphin denken. Angeblich stammt der Delphin ja vom Schwein ab. Das heißt, er ist vom Land wieder zurück ins Wasser gegangen. Warum? Weil er so gerne taucht? Hat ein besonders besessenes Schwein hier sein Hobby zum Beruf gemacht? Hat's dem Delphin an Land einfach nicht mehr so gut gefallen? Hatte er mehr erwartet? Oder wurde ihm sein trockener Lebensraum von anderen, stärkeren Kreaturen abgeknöpft? Ist der Delphin deswegen womöglich immer noch sauer? Ist sein permanentes Lächeln vielleicht nur ironisch gemeint? Worauf ich eigentlich hinaus will: Wieso sieht man bei tätowierten Sonnenbankprollschönheiten nie Schweine über den Bauchnabel oder das Schulterblatt hüpfen?

Das sind doch die Fragen, die man sich durchaus mal stellen darf.

Der Delphin, was für ein verrückter Schweinehund. Da geht der einfach wieder zurück.

Vielleicht sollte ich auch wieder zurückgehen? Zurück ins Meer!

Jetzt gleich. So eine Art Speed-Evolution. Endlich mal die oft zitierten 120% geben. Der Zeitpunkt wäre ein günstiger. Die Steuererklärung 2013 – die bräuchte ich dann nicht mehr machen. Ich mach die ja immer selber. Und immer viel zu spät. Weil das sooooo langweilig ist. Plus. Minus. Brutto. Netto. Anlage S. – ich meine, ich hatte es vorhin schon mal kurz erwähnt: Ich war mal ein Fisch und bin immer noch ganz aus'm Häuschen, dass ich hier überhaupt ordentlich Luft kriege und schon soll ich Anlage S ausfüllen. Einkünfte aus selbständiger Arbeit. Lächerlich. Ich als Schriftsteller und orthodoxer Freizeitfanatiker. Einkünfte aus selbständiger Arbeit. Ich kann den Damen und Herren vom Finanzamt ja gerne einmal pro Jahr 'ne Stuhlprobe von mir zuschicken, dann wissen sie auch wie es um mich steht.

Weiße, trockene Knärpseln. Wie bei einer durstigen Taube. Noch Fragen?

Die Deutsche Rentenversicherung hat mir neulich erst schriftlich mitgeteilt, dass ich, wenn ich weiterhin so viel verdiene wie jetzt, später mal eine Rente von 285,- Euro im Monat bekomme. Da freu ich mich jetzt schon richtig drauf. Dann gibt's immer schön Kartoffelbrei und Milchnudeln und der Rest geht für Goldkrone drauf. Miete? Kann ich mir nicht leisten. Ich werde mit meiner Frau bei der Familie unseres zukünftigen Kindes wohnen und meinen Enkeln vor dem Einschlafen immer noch was von Public Enemy auf dem Akkordeon vorspielen.

Das wird richtig scheiße. Das weiß ich jetzt schon. Deswegen wollte ich ja auch nochmal in den Urlaub fahren, mit Sauron. Damit wir nochmal was sehen von der Welt; bevor auch wir in den sonnenlosen Keller der Kindesaufzucht hinabsteigen und unsere ganze Kraft dafür aufwenden, ein strunzdoofes Energiebündel zu bändigen und nach unseren Vorstellungen zu verformen, um es dann mit 18 Jahren kaltblütig auf die Menschheit abzufeuern.

Weil wir eben auch unseren Senf dazu geben wollen, zur Artenvielfalt. Wegen der Individualität. Weil uns die meisten anderen Kinder nämlich nicht besonders geglückt erscheinen.

Ich muss an früher denken: Einzeller. Was war so schlecht daran? Ein bisschen vor sich hinwabern, sich pausenlos teilen und dann immer staunen: „Hä, der sieht ja genauso aus wie ich!" Davon kann man doch nicht genug kriegen. Haare kämen, Einkaufen, Fingernägel schneiden, Anlage S, Heizung entlüften, Liegestütze – sowas braucht ein Einzeller überhaupt nicht. Einziger Haken: Einzeller feiern keinen Fasching. Und ich liebe Fasching! Wenn es Einzeller gäbe, die sich einmal im Jahr verkleiden, natürlich alle gleich, dann wäre ich gerne wieder einer von ihnen.

Mimisch bewege ich mich auf jeden Fall schon mal in die richtige Richtung. Das Downgrade ist in vollem Gange. Ganz von den eigenen Gedanken verzückt, läuft mir ein wenig Speichel aus der Lefze.

Meine Pupillen sind verträumt unter die Lider gerutscht. Die Augäpfel blitzen weiß hervor. Mein optischer IQ liegt nun sicherlich weit unter 75 Hektopascal in der Minute.

Erst als mir eine kräftige Böe eine gefühlte Schippe Sand in den Rachen weht, komme ich wieder zu mir. „Wo, was, wie?" – denke ich und muss lachen. Drei der fünf W-Fragen beherrsche ich also immer noch wie aus dem Effeff.

Sauron kriegt von alledem nichts mit. Irgendwas nimmt ihre ganze Aufmerksamkeit in Anspruch. Ich versuche ihrem Blick zu folgen.

Weit hinten im Meer, kurz vor dem Horizont ragt etwas Seltsames aus dem Wasser.

Zu groß für ein Boot, zu klein für eine Insel.

„Was ist das?", möchte ich von unserem französischen Ober wissen, indem ich mit dem Finger auf die unbekannte Erhebung zeige und frage: „Hä?"

„Fort Boyard", antwortet er.

„...
FORT BOYARD???????"

„FORT BOYARD!!!!"

„FORT BOYARD????????????"

Ich traue meinen Ohren kaum. FORT BOYARD!!!! Die berühmte Festung Fort Boyard!!!!!!

Ich muss sofort an die rattenscharfe Rita Werner denken, die damals zusammen mit dem seltsam entrückten Reiner Schöne die gleichnamige Abenteuershow auf Sat.1 moderierte. „FORT BOYARD".

Sat.1 war 1990 der beste Sender der Welt, ich 14 Jahre alt und Rita Werner das Heißeste, was im deutschen Fernsehen aus der Röhre guckte. Ihr schwarzes kinnlang gelocktes Haar, ihr exotischer Teint, ihre kumpelhafte Art und ihre Vorliebe für enge, ledrige Outfits, führten dazu, dass ich „Fort Boyard" am liebsten zusammen mit einem Zellstofftaschentuch guckte.

Fort Boyard! Ich kann es nicht oft genug aussprechen: „Fort Boyard!!"

Tss, Wahnsinn! Fort Boyard!!!! Irre. „Fort Boyard" war damals die gewagteste Show im deutschen Fernsehen. Sechs sich völlig fremde Kandidaten mussten hier innerhalb eines vorgegebenen Zeitraumes mit Geschicklichkeit, Ausdauer und Kraft halsbrecherische Aufgaben erfüllen, um an die goldenen Schlüssel zu gelangen, welche ihnen dann im Finalspiel mehr Zeit gaben, um so viele Münzen wie möglich einzusammeln. Die Münzen wurden am Ende der Show mit einer speziellen Waage gewogen und in einen Geldbetrag umgerechnet, den sich dann alle Kandidaten teilen mussten.

Fort Boyard!!!!!

Auf Fort Boyard endet außerdem einer meiner Lieblingsfilme, „Die Abenteurer" mit Alain Delon und Lino Ventura, höchst dramatisch zu wunderschöner Pfeifmusik. Schon beim Gedanken daran kriege ich Gänsehaut, die wir aber gar nicht bestellt haben. Weshalb der Kellner sie auch anstandslos wieder mitnimmt und wenig später mit unserer eigentlichen Order, einem dampfenden Topf frittierter Miesmuscheln, zurückkehrt. Ich habe gute Laune, ich baue uns einen Fort-Boyard-Gedächtnis-Knüttel.

Als ich eine halbe Stunde später leicht angemüdet vorschlage, in den Glaskasten zu gehen, um zu bezahlen, da der Kellner sich aufgrund des anhaltenden Platzregens offensichtlich nicht mehr zu uns hinaus wagt, weigert sich Sauron strikt mir zu folgen. Sie sagt sie sei total beknüttelt und hätte nun Sorge, aufgrund der vielen zu erwartenden neuen Eindrücke im Glaskasten völlig freizudrehen und uns eventuell zu blamieren. Dafür habe ich vollstes Verständnis.

Nur zu gut erinnere ich mich daran, wie mein Freund René Scheitelmann und ich mal auf dem Grundstück seiner Eltern in Bohnsdorf Pilze aßen und danach hysterisch kichernd Hand in Hand durch die Kleingartenkolonie geschwebt sind, um verzückt, mit großen Augen an jedem Strauch, jedem Stein, jedem Gartenzwerg innezuhalten, weil wir völlig hin und weg waren, weil alles auf einmal so organisch, so schön weich, ja so zauberhaft aussah.

„Warum haben sie hier denn nicht ‚Ewoks – Die Karawane der Tapferen' gedreht?", fragten wir uns die ganze Zeit.

„Warum haben sie hier denn nicht ‚Ewoks – Die Karawane der Tapferen' gedreht?"

Am nächsten Morgen fiel es uns dann schlagartig wieder ein: Es war Mitte November und kein einziges Blatt mehr am Baum. Die Pilze hatten uns ein nicht vorhandenes Paradies vorgegaukelt. Für den nüchternen Betrachter muss unsere grenzenlose Bewunderung für die verblühte Brandenburger Flora ein grausames Schauspiel gewesen sein.

Diese düstere Erfahrung will ich Sauron ersparen.

Mit einem gezielten Handkantenschlag lasse ich sie ohnmächtig in sich zusammensacken. Noch bevor ihr Kopf auf die Tischplatte knallt, habe ich meinen eilig dazwischen geworfen und warte mit geschürzten Lippen auf den Einschlag meiner bewusstlosen Prinzessin. Ich mag es, wenn wir uns so küssen. Das hat sowas ursprüngliches. Lächelnd trage ich sie zum Bezahlen in den Glaskasten.

Im Hotelzimmer angekommen, werfe ich Sauron ab und den Fernseher an. Sarah Wiener kocht.

Das Essen duftet so lecker, behauptet Sarah Wiener und fächert sich vor Wonne zitternd die Dämpfe ihres soeben gekochten Haseneintopfes in die Nase. Ich rieche nichts. Nur der lauwarme Miesmuschel-Atem meines noch immer vor sich hinsiechenden Herzblatts bringt ein wenig Stimmung in die Bude.

Wie sie so daliegt. Völlig bedengelt. Niedlich. Ich könnte jetzt mit ihr machen, was ich wollte. Sie würde nichts davon mitkriegen...

Vorsichtig ziehe ich meine Kamera aus dem Rucksack. Ich mache jede Menge Bilder. Bei jedem neuen Foto verschiebe ich Saurons Gliedmaßen ein wenig. Wenn man die Fotos später schnell hintereinander ablaufen lässt, wird es so aussehen, als hätte sie die ganze Nacht winkend im Bett gelegen, während ihre Beine auf und zu gehen, wie bei einem Wandkasperle. Eine elektronische Grußkarte sozusagen.

Die Facebook-Community wird begeistert sein.

7. Tag

Aufgrund unseres nächtlichen Foto-Shootings bin ich heute Morgen noch todmüde. Unser original französischer Muschel-Mundpups hat zwar die Mücken von uns fern gehalten, aber die Morgensonne starrt bereits so stur durchs Fenster, dass an weiterschlafen nicht zu denken ist. Ich träume ein bisschen mit offenen Augen. Ich stelle mir vor, wie ich aufstehe, zum Fenster gehe, die Vorhänge zuziehe, mich wieder hinlege und weiterschlafe. Schade, dass sich dieser Plan im echten Leben als undurchführbar entpuppt. Ich schaffe es einfach nicht den Teufelskreis zu durchbrechen. Immer wieder sage ich mir: „Jetzt stehst Du aber auf und machst die Vorhänge zu. Jetzt stehst Du aber auf und machst die Vorhänge zu." Aber es passiert nichts. Ich bleibe einfach liegen.

„Gut, noch eine Minute dösen, aber dann.... Also, jetzt aber wirklich. Ich zähle bis zehn und dann wird aufgestanden!"

„...5,6,7,8,9,10! Ich schaue an mir runter. Ich liege immernoch. Es hat keinen Zweck. Körper und Geist wollen heute einfach keine Einheit bilden. Im Zimmer über uns sind neue Gäste eingezogen. Eine Familie mit zwei Kindern. Offenkundig die letzten Abkömmlinge einer alten Grashüpfer-Dynastie. Sie bewegen sich ausschließlich auf den Hacken huppend fort. Ich schaue aus dem Fenster. Der Himmel ist blau und sauber. Keine Wolken, keine Flugzeugkratzer. Nur die gelbe Sonne setzt einen plumpen Akzent. Das Meer rauscht gemütlich vor sich hin. Es riecht nach Salz und frischem Fisch. Die ersten Badegäste gehen zum Strand. Ein kleines Mädchen weint. Ein Hund bellt. Der Muezzin singt. Der Muezzin singt?! Hoppalla, na, da bin ich wohl doch nochmal weggenickert. Was da wie der Muezzin tönt, ist in Wirklichkeit Saurons REM-Röcheln.

Sie muss einen schrecklichen Albtraum haben und stöhnt und windet sich, wie von einer fremden Macht besessen. Ich überlege kurz sie zu wecken, aber dann muss ich an „Die Unendliche Geschichte" denken: Wenn niemand mehr träumt, wird Phantasien vom Nichts verschlungen. „Mondenkind!", sage ich leise und verlasse auf Zehenspitzen das Zimmer.

Ich gehe auf Toilette. Ich will lesen. Ich lese ja immer nur auf Toilette oder im Urlaub. Woanders kann ich mich nicht konzentrieren. Jetzt lese ich im Urlaub auf Toilette. Mehr geht nicht. Meine derzeitige Lektüre, „Martin Eden" von Jack London, ist ein etwas sperrig geschriebenes Werk, welches dennoch fesselt. Ich lese seit einem Jahr daran. Pro Sitzung eine Seite. Da bleibt die Spannung lange erhalten. Bisher weiß ich nur so viel:

Der Seemann Martin Eden, ein liebenswürdiger aber eher schlicht gestrickter Bursche, erfährt durch die Bekanntschaft mit einem Mädchen aus gutem Hause einen unstillbaren Hunger nach Bildung. Er, dessen Leben bisher nur aus harter Arbeit, rauer Sprache und ruppigem Umgang bestand, möchte den Dingen, die ihn umgeben, nun plötzlich auf den Grund gehen. Er will die Welt nicht mehr nur sehen, er will verstehen, wie sie funktioniert. Und bumsen, das möchte er natürlich auch. Aber eben nicht mehr so oft wie früher. Das ist ja das Gute. Da kann die scharfe Lotte ihn noch so bezirzen. Martin Eden liest jetzt lieber und bildet sich fort. Guter Trick, Martin Eden. Chapeau!

Ich betätige die Spülung, schlage das Buch zu und gehe wieder zurück ins Schlafzimmer. Der Muezzin hat aufgehört zu singen und kämmt sich bereits die Haare.

„Na, gut geschlafen?!", frage ich.

„Geht so. Ich muss mich verlegen haben. Mein rechter Arm und beide Beine schmerzen." Ich sage nichts. Es ist 10 Uhr. Wir müssen auschecken. Die Frau, die aussieht wie ein Huhn, nimmt gurrend unseren Schlüssel entgegen. Ja, was denn nun?

Als wir wenig später im Auto sitzen, traue ich meine Augen kaum, obwohl es eigentlich nichts Besonderes zu sehen gibt. Grundloses Starren – ein eindeutiger Hinweis auf mein fortgeschrittenes Alter und meinen zunehmenden körperlichen Verfall.

Heute wollen wir in den Südwesten Frankreichs in die Region Aquitanien, um dort drei Tage auf einem Zeltplatz in Carcans-Plage zu nächtigen. Carcans-Plage ist ein Surferparadies. Sauron freut sich, ich habe so meine Bedenken. Wir zwei inmitten braungebrannter, drahtiger Surfer mit unglaublich viel Volumen im Haar.

Ich bin zurzeit nicht in Form, die viele Schreiberei hat mich aufgehen lassen.

Wenn ich mich hinsetze, quillt jedes Mal mein Bauch- und Rückenfett über den Hosenbund, wie unbeaufsichtigter Grießbrei über die Kasserolle. Oberkörper und Hose sind nun luftdicht miteinander verbunden. Ich bin eine menschliche Muffe. Das Gute daran: ich brauche am Strand keine Rückenstütze mehr, um nicht nach hinten umzukippen. Ich sitze in mir selbst.

Die Strecke nach Carcans-Plage entpuppt sich als fahrbarer Augenschmaus.

Die Straßen sind von sattem, glänzendem Grün gesäumt, glückliche Familien sitzen vor den Cafés und schleckern Zitroneneis, Kinder staksen mit Plasteeimern voll quietschbunter Strandutensilien in Richtung Meer, die Luft riecht nach Melone, wir hören „Il Pinguino". Pfeiflieder von Ennio Morricone sind das Beste, was man sich in so einem Augenblick akustisch zuführen kann.

„Ist doch schön, oder?!", frage ich Sauron. Sie zieht die Mundwinkel nach unten und macht kreisrunde Bewegungen mit dem Kopf. Das kann alles heißen.

Naja, wie schrieb mein Schriftstellerkollege Andreas „Spider" Kenzke schon so treffend: „Meine Freundin und ich, wir haben überhaupt nichts gemeinsam. Wir haben unterschiedliche Hobbys, wir hören nicht die gleiche Musik, wir mögen nicht das gleiche Essen und wir streiten uns ständig. Manchmal habe ich das Gefühl, das einzige, das uns noch zusammenhält ist Liebe."

Ich frage Sauron warum sie MICH eigentlich liebt.

Sie antwortet: „Hä, wieso?" Das habe ich doch noch nie behauptet!"

Stimmt, sie hatte es mir noch nie gesagt. Ich habe es ihr schon oft gesagt. Nachts, wenn sie schlief, habe ich es ihr ins Ohr geflüstert, in der Hoffnung, dass meine Worte in ihren Träumen Platz fänden und sich dort zu einer Art schlechtem Gewissen manifestieren würden, so dass sie es auch selber mal aussprechen müsste. Aber es geschah nichts.

Sauron ist eine toughe Frau. Viele ihrer Vorfahren waren Gladiatoren oder Autoscooterangestellte. Das Aussprechen von Gefühlen gehörte hier einfach nicht zum Tagespensum. Zumindest nicht das Aussprechen von positiven Gefühlen.

Der Campingplatz, den wir uns vorher auf der Karte ausgeguckt haben, entpuppt sich zum Glück als ein ziemlich schöner. Die Laune steigt. Knapp hundert Meter vom Meer entfernt, inmitten eines schattenspendenden Kiefernwaldes gelegen und übersichtlich besucht, fühlen wir uns hier (auf dem Municipal de Carcans-Plage) auf Anhieb wohl. Hastig bauen wir unser Zelt auf, gemeinsam (!), stellen unsere zwei Campingstühle davor und setzen uns so hin, als ob wir schon seit einer Woche vor Ort wären. Immer souverän bleiben. Das war wichtig.

Verträumt und antriebslos gucken wir in die Weltgeschichte, um uns herum sind alle aktiv. Vor jedem Zelt spielen Pärchen entweder Karten oder Federball.

Da wollen wir als Neuankömmlinge natürlich nicht hinter-
herhinken. Aus Mangel an Hardware entscheiden wir uns
für das Spiel Luftfederball. Das heißt wir bleiben so sitzen
wie bisher und rufen alle 10 Sekunden: „Deine Seite. Du
holst! Deine Seite. Du holst!" Nun haben wir uns komplett
assimiliert.

Sauron fragt, ob wir nicht nochmal ans Wasser wollen. Ich
schaue in den Himmel, es hat sich bewölkt, Wind kommt
auf, die Schwalben fliegen tief, sehr tief. Einige graben sich
sogar panisch Löcher in den Waldboden.

„Wollen wir nicht lieber morgen früh?! Das Wetter scheint
umzuschlagen!"

„Wenigstens die Füße reinhalten!"

Ich verstehe nicht, warum alle Mädels am ersten Tag immer wenigstens schon mal ihre Füße ins Wasser halten
müssen. Was haben sie davon? Was hat das Meer davon?
Was habe ich davon?

Natürlich gehe ich mit. Wie immer. Festentschlossen, meine
Schuhe am Strand anzubehalten, um Sauron so zu verdeut-
lichen, dass ich mit dieser Freizeitaktivität weder einver-
standen noch in der Lage bin, ein Gefühl für die Schönheit
des Augenblicks zu entwickeln, wenn die Fußsohlen zum ersten Mal auf den warmen, weichen Zuckersand treffen.

„Das is' ja total warm!", entfährt es Sauron, als sie knöcheltief im Wasser steht.

Na, das war ja klar. Widerwillig stecke ich die Kuppe meines Zeigefingers ins Meer, um ihre Behauptung zu entkräften
und komme betont gleichgültig zu dem Schluss:

„Naja, geht so."

„Doch, an den Füßen isses total warm!"

Wütend streife ich mir Schuhe und Strümpfe vom Leib
und stelle mich ebenfalls ins Wasser.

„Naja, geht so!!", wiederhole ich mich empört.

Sauron quiekt vergnügt auf. Ein Trick! Jetzt hatte sie mich

genau da, wo sie mich haben wollte. Knöcheltief im Wasser. Meine Schuhe in der linken Hand, die Socken zu kleinen Bällchen geformt darin verstaut; Sauron in der rechten Hand, verträumt im Wasser watend; mein Gesicht in der Mitte, zu einhundert Prozent Hackfresse. Zu Bällchen geformte Socken in die Schuhe gestopft – das ist für jeden gestandenen Mann eine Erniedrigung ersten Grades. Was kommt als nächstes?

Ich mit ihrer roten Handtasche in der Armbeuge vorm Klo auf sie wartend?

Nein, nicht mit mir. Schon zu viele Männer hatte ich gesehen, die dieses grausame Fanal ihres gebrochenen Willens vor den Toilettenhäuschen unserer Republik zur Schau tragen mussten. Und jedes Mal, wenn ich in ihre Gesichter blickte, las ich darin die Botschaft: „Hallo, ich bin nur noch eine seelenlose Hülle, meine Olle hat mich voll im Griff. Hehe. Kiek mal, ick kann mir auf Kommando inne Hose pullern."

Nicht mit mir Sauron, nicht mit mir!

Wir sammeln Muscheln.

Das zumindest gibt mir Sauron immer wieder deutlich zu verstehen.

„Für Zuhause, fürs Bad. Das sieht doch immer so schön aus."

Sicher, tote Tiere schmücken jeden Sanitärbereich.

Aber warum immer nur halbe Muschelschalen? Warum nicht mal was Gewagteres? Eine Handvoll zerdrückter Pfauenaugen hier, also die Schmetterlinge, und eine Handvoll zerdrückter Pfauenaugen dort, also die richtigen.

Ein gellender Schrei reißt mich aus meinen mediterranen Einrichtungsfantasien. Ich selber habe ihn ausgestoßen. Qualle, Qualle, Qualle! Ich bin auf eine Qualle getreten. Das schlimmste Gefühl der Welt. Diese seltsamen Lebewesen deren Mimik und Gestik mich noch nie so richtig zu überzeugen vermochten, sie machen mich alle! Zu 99% aus Wasser und keine Ohren. Wo bitte soll man denn da ansetzen? Manchmal habe ich das Gefühl, Quallen legen gar keinen Wert auf ein umgängliches Miteinander. Kinder scheinen das zu spüren und spielen mit den gestrandeten Exemplaren Einweg-Tennis oder sie schmettern sie dem schlafenden Vater auf den sonnenverbrannten Wanst. Ein Spaß, den sich die kleinen Racker nur einmal im Leben erlauben. Was der Atomtest für Godzilla, ist für Papa die Qualle auf der Wampe. Ein Grund zum Aufwachen und Ausrasten. Danach steht keine Kleckerburg mehr auf der anderen. Viele Kinder müssen ins Heim oder werden noch vor Ort eingeschläfert.

Und das alles bloß wegen dieser gesichtslosen, durchsichtigen Biester, die es noch nicht mal für nötig halten, müde mit den Schultern zu zucken.

Mir reicht's, ich will zurück zum Zeltplatz.

Beim hastigen Versuch, mir noch an Ort und Stelle Schuhe und Strümpfe über die feuchten sandigen Füße zu stülpen, führe ich meinen berüchtigten Sockentanz auf.

Die übrigen Strandbesucher sind davon ganz angetan und klatschen rhythmisch in die Hände. Heppa, Heppa! Tanz, Äffchen tanz!

Ich bin gerade der wütendste Mann der Welt, aber niemand merkt etwas davon.

Zornig hüpfe ich in Richtung Strandaufgang, die Menschentraube folgt mir ungebrochen begeistert. Es ist ein wenig wie die Loveparade ohne Strom. Ein Bild des Grauens.

Kaum, dass ich den ersten Fuß in der Socke versenkt habe, ist die gute Stimmung jedoch augenblicklich dahin. Das Klatschen verstummt, vereinzeltes Gehüstel, die Leute gehen ihrer Wege. Eben noch ein gefeierter Star, jetzt schon

wieder ein Niemand. Ich falle in das berühmte Loch, ge-
buddelt von einem Kind, der Boden handbreit mit Quallen gefüllt. Mit vor Wut gesprungenen Augen schaue ich in
den blutroten Abendhimmel.

Gott, wo bist Du?

Oder bist Du das gerade?

Ich brauche eindeutigere Zeichen!

Schon im nächsten Augenblick braut sich eine dunkle
schwere Wolke über meinem Kopf zusammen. Ich staune
nicht schlecht. Moment mal, eine Wolke, die summt? Ein
Schwarm Mücken stülpt sich über mich, wie der Mund
eines vollbärtigen Mannes um einen Lolli.

„Ahhhhhhhhhhhhhhhhhhhhhhhhhhhhhhhhhhhhhhhhhhhh-
hhhhhhhhhh!"

Zuviel, ich explodiere. Wild in alle Richtungen ausschla-
gend stürze ich aus dem Loch Richtung Zelt. Meine Halb-
schuhe aus Qualle schmatzen bei jedem Schritt.

„Nur mal die Füße reinhalten, nur mal die Füße reinhalten
Sauron! Irre. Ganz irre! Hahaha!" Mein Abgang hat etwas
Theatralisches. Dieses Lachen. Ich bin nicht mehr Herr
meiner Sinne. Die Schwalben hatten Recht behalten.

Sauron sieht überhaupt nicht ein, dass sie irgendetwas
falsch gemacht hat.

Um meinem nicht enden wollenden Gezeter zu entkom-
men, schnappt sie sich ihren Kulturbeutel und stapft zu
den Waschräumen. Ich bin so wütend. Ich will mich irgendwie rächen. Ich tausche unsere Kissen. Die wird sich
wundern. Hihi. Jetzt schläft sie auf dem weichem, in dem
man immer versinkt wie Atréjus Pferd in den Sümpfen der
Traurigkeit und ich liege auf dem angenehm harten, wo
der Kopf so schön ankeilt, so dass man auf dem Rücken
liegend immer ein bisschen aussieht wie ein Rennrodler,
der auf den Startschuss wartet.

Ich kriege kein Auge zu. Der Kissentausch war eine ganz schlechte Idee. In meiner Verzweiflung versuche ich mich an Sauron und ihr Kissen zu schmiegen. Aber der salzige Seewind hat Saurons Nackenhaare so ungünstig aufgestellt, dass ein behagliches Andocken unmöglich ist.

Entweder ihre Strähnen stechen mir ins Auge oder sie kitzeln in der Nase.

Ich werde Sauron so eine Art Falkenhaube kaufen müssen, um meinen Kopf in diesem Urlaub ungehindert in ihren Nacken kuscheln zu können. Im Moment tut es aber auch erstmal der alte Schlüppi, welchen ich meinem schlafenden Engel zu meinem Schutz straff über den Kopf spanne.

8. Tag

Heute scheint ein guter Tag zu werden. Ich habe geschlafen wie ein Baby.

Kaum, dass ich ihr die provisorische Haube vom Kopf gestreift habe, wird auch mein Falkensauron wach und klagt augenblicklich über Kopfschmerzen.

Ich sage nichts.

Als sie von den Waschräumen zurückkehrt, wundert sie sich über den roten schmalen Streifen auf ihrer Stirn.

„Das war bestimmt eine inkontinente Wanderameise", versuche ich sie zu beschwichtigen.

„Davon hab ich ja noch nie gehört!"

„Das ist ja auch ein Tabuthema. Niemand spricht gerne darüber. Deswegen lass uns jetzt auch schweigen und essen, Frau. Ich habe Frühstück gemacht. Es gibt in Milch zerdrückte Banane und als Kompott geriebenen Apfel. Wie früher bei Mutti, wenn man Durchfall hatte."

„Ich habe aber überhaupt keinen Durchfall."

„Ja nu, darum geht's doch hier gar nicht. Es geht um früher

und Mutti. Das sind die beiden Worte, auf die es ankommt. Wegen gemütlich und so. Heimelig. In guten Händen. Verstehste?"

Ich muss Sauron heute verwöhnen, sie soll sich geborgen fühlen. Wir wollen nachher an den Strand zu den Surfern und ich bin eine menschliche Muffe. Sauron soll nicht auf dumme Ideen kommen beim Anblick der durchtrainierten Wellenreiter mit ihren nach Kokosnussöl duftenden Alabaster-Körpern und den lüstern angeschwollenen Lendenmuskeln.
Wir rennen zum Strand. Es ist unsere einzige Chance. Nur wenn wir unser träges Fett durch schnelle Vorwärtsbewegung hinter uns herziehen, wie zwei Kometen ihren Schweif, machen wir für kurze Zeit eine gute Figur. Zumindest von vorne. Sobald wir stehen, ist der Mummenschanz natürlich vorbei.
Ein lesbisches Pärchen kommt uns entgegen. Die Mann der beiden trägt oben ohne. Sie hat wunderschöne Brüste. Für meinesgleichen sind diese jedoch tabu. Das gibt sie mir mit einem grimmigen Blick deutlich zu verstehen. So schöne Brüste an so einer bösen Frau.
Kerngesunde Äpfel an einem kranken Baum.
Ich könnte heulen. Ich muss an meinen Kumpel Malte denken, der sich auf einem Festival außerhalb Berlins mal bis über beide Ohren in ein Mädchen verliebt hatte. Zwei Tage lang umgarnte er sie pausenlos und vernachlässigte sämtliche Herrenaktivitäten mit seinen Freunden, nur um am Ende festzustellen, dass seine Angebetete lesbisch ist. Bei der Rückfahrt im Auto starrte Malte nur noch apathisch ins Leere, bis er sich emotional ein letztes Mal aufbäumte und sich seine grenzenlose Enttäuschung in der Bemerkung entlud: „Da ist die lesbisch. Ich meine, das ist ja fast so, als ob sie tot wäre!" So weit gehen meine Gefühle

für die strenge Frau mit den schönen Brüsten nicht. Dennoch bin ich aufgewühlt. In wenigen Sekunden würden wir den höchsten Punkt der Düne erreichen und dann wird der Blick freigegeben auf dutzende bronzefarbene Surfer, die sich auf ihren Sixpacks geriebene Äpfel zubereiten und deren gesundes, honiggelbes Haar im Wind weht, wie der kräftige Schweif eines Araber-Haflingers in vollem Galopp.

„Aber, aber..." Saurons Stimme zittert. Wie ein Rehkitz, das den Anschluss an die Mutter verloren hat, schaut sie sich immer wieder nach allen Seiten um, in der Hoffnung, irgendwas übersehen zu haben. Aber es bleibt dabei: Wir sind die ersten am Strand!

Augenblicklich lasse ich meinen Bauch herausploppen und drücke mir den vorhin im Waschraum mühsam aufgefönten Hinterkopf flach. Das Versteckspiel hat ein Ende. Jetzt bin ich endlich wieder der alte. Der Dorfdepp mit dem Schmierbauch.

Pfeifend breite ich unsere Stranddecke aus und lese weiter „Martin Eden", Sauron schaut aufs Meer hinaus. Ihr Blick hat etwas Sehnsüchtiges. Es scheint fast so, als ob sie am liebsten gar nicht hier wäre, sondern ganz woanders.

Da plötzlich – Stimmen. Wir halten den Atem an. Zwei Gestalten erscheinen auf der Düne und nähern sich mit weichen Bewegungen. Scheiße, mein Hinterkopf. Die beiden sind schlank, zu schlank für männliche Surfer.

Es sind zwei Freundinnen, die sich, obwohl der ganze Strand frei ist, keine fünf Meter weit von uns entfernt niederlassen, ihre Bikinioberteile ablegen und ihre prallen Brüste in den Himmel strecken. Wenn jetzt ein Gewitter aufkommt, denke ich.

So langsam werde ich munter. „Martin Eden" hat keine Chance mehr.

Immer wieder rutschen meine Augen über die Buchseiten zu den beiden französischen Schönheiten. Wer hätte gedacht, dass das Leben heute noch so ein Bonbon für mich bereithält. Und es wird immer besser! Keine fünf Minuten später tauchen bereits die nächsten beiden Freundinnen auf, entledigen sich ihrer lästigen Kleidung und lümmeln sich in unmittelbarer Nähe rücklings in die Sonne. Von nun an geht es Schlag auf Schlag.

Nach noch nicht mal einer halben Stunde haben etwa zwanzig Französinnen einen lückenlosen Oben-Ohne-Belagerungsring um uns aufgebaut. Wo wir auch hingucken: Brüste und Pos.

„Das ist heute mein Tag!", entfährt es mir unwillkürlich. Ich habe mich wohlweislich auf den Bauch gelegt. Knirschend bohrt sich mein Glied ins Erdreich. Die ersten Käfer verlassen panisch den Strand. Würde mich ein pfiffiger Bauer jetzt hinter zwei Gäule spannen, er könnte mit mir problemlos den lehmigsten Permafrostboden aufreißen und umpflügen. Auch Sauron kann sich der Schönheit der Damen nicht erwehren. Gemeinsam vergeben wir Punkte. Alle bekommen eine 10. Wir sind neidisch auf die jungen Körper der Französinnen, die so unschuldig straff in der Sonne aufblühen, während wir wie abgehangenes Würzfleisch vor uns hinschmelzen.

Es ist ein Trauerspiel.

Sauron fragt, ob wir nicht mal ins Wasser wollen. Gleich, sage ich und versuche an etwas Schlimmes zu denken, Palästina, Fracking....

Langsam aber sicher wandert das Blut von meinen Lenden zurück in den Kopf. Wo bin ich? Ach so, Urlaub, richtig. Ab ins Wasser!

Jetzt heißt es grade laufen und sicheren Schrittes die Elemente wechseln.

Ich bin mir sicher: 40 puterrote Warzenzwerge haben gerade neugierig ihre Nasen nach mir ausgestreckt. Als Zeichen ungezähmter Männlichkeit gehe ich mit Stulle ins

Wasser und benetze weder meine Unterarme noch die Herzgegend mit selbigem, bevor ich meinen Leib unvermittelt bis zum Bauchnabel ins kühle Meer ramme. Ein kurzer weibischer Schrei. Einem Sektkorken gleich, schnelle ich wieder hoch und ditsche bewusstlos mit dem Gesicht auf die Wasseroberfläche. Ein zweiter weibischer Schrei. Ich bin wieder zu mir gekommen. Ein dritter weibischer Schrei. Es ist die böse Frau mit den schönen Brüsten, die mich vom Ufer aus nachäfft. Ich weiß nicht, was sie mit mir hat. Ich habe ihr nichts getan. Vielleicht kann sie Gedanken lesen? Ist das ein Dreizack, den sie da in der Hand hält?!

Egal. Jetzt ist Urlaub. Die Arme und Beine angewinkelt wie eine geröstete Gottesanbeterin, schwebe ich als eine Art Hasentyrannosaurusrexembryo allein Kraft meiner, durch jahreslanges intensives Training zu kolibriflügelflinken Flimmerhärchen umfunktionierten Zehen, langsam aber majestätisch vom Strand weg. Ich brauche jetzt mal meine Ruhe. Ich mache den toten Mann und blicke in den grünblauen französischen Himmel. (Wiki: „Um Kindern mögliche Vorbehalte und Ängste zu nehmen, werden beim Kinderschwimmen für „Toter Mann" inzwischen auch alternative Begriffe wie Seestern oder Seerose verwendet.") Heiliger Neptun, ist das schön. Jetzt muss ich nur noch die Augen schließen, vom Alltag loslassen und an nichts mehr denken. Irre. Alles, was mir durch den Kopf geht, sind die 200 Haie, die wahrscheinlich gerade unter mir ihre Bahnen ziehen. Wenn mir nur einer von ihnen ein fußballgroßes Stück aus meiner Lende reißen würde – die ganze Urlaubsstimmung wäre dahin und der Erholungseffekt somit gleich null. Panik befällt mich.

Jetzt nur keine hektischen Bewegungen machen, um Gottes willen nicht von unten aussehen wie eine kranke Robbe. Wenn ein Zweikampf unvermeidlich ist, versuchen, dem Hai in die Kiemen zu pinkeln oder ein Auge auzuzutschen.

Das sind alle Informationen, die ich zur Gefahrenabwehr bei einem Angriff in petto habe. Mit Schaudern muss ich daran denken, wie ich mir mal als Ölfjähriger zusammen mit meinen Eltern an einem Sonntagabend in der ARD „Der Weisse Hai II" angeschaut habe. Wir hatten ja keine Ahnung. „Der Weisse Hai II". Was war mit dem ersten Weißen Hai geschehen? Waren die Kunden mit ihm nicht zufrieden, deswegen kam jetzt der verbesserte Nachfolger? War der zweite Hai eventuell die Frau vom ersten? Wir hofften es innigst, aber wir konnten nur spekulieren.

Ein Film über einen blitzeblanken Fisch in einem schönen Meer in einem warmen fernen Land, was sollte da schon schiefgehen?

Als der „Weisse Hai II" anfing, war ich kerngesund und gutgelaunt, als er zu Ende war, hatte ich 40 Grad Fieber und meine Wangen glühten wie zwei Sonnen. Ja, wie war mir denn?! War das etwa das berüchtigte Backpfeifenkonzert, von dem immer alle redeten, nur ohne Hände? Wurde ich gerade vom Fernsehen emotional vermöbelt?

Das durfte doch wohl nicht wahr sein. Jahrelang bin ich dem schwarzen Mann unterm Bett, dem Drachen mit den zwölf roten Augen im Gemeinschaftskeller und den verstorbenen Müllerskindern auf dem Wäscheboden erfolgreich aus dem Weg gegangen, und dann erwischte mich hier in unserem gemütlichen Wohnzimmer „Der Weisse Hai II".

Ich war nicht der einzige, der unter Schock stand.

Mein Vater war während des gesamten Films so ergriffen, dass er eine „Katzenzunge" nach der anderen rauchte und sich den Bauch mit „Ernte 23" vollschlug.

Meine Mutter hatte ihre geliebten Salzstangen vor Aufregung die ganze Zeit am Stück runtergeschluckt, klagte nun über Halsschmerzen und staubtrockene Schleimhäute und hätte mit dem Familienknickstrohhalm beinahe unser ganzes Badewasser ausgeschlürft, welches wir extra dringelassen hatten, um es am Wochenende, wenn meine Tante aus Sachsen zu Besuch kam, mit dem Tauchsieder aufgewärmt nochmal zum Gebrauch anzubieten.

In Dresden war von nur drei Familienmitgliedern benutztes Badewasser ein Luxus, den man für gewöhnlich nur unter der Hand ergattern konnte.

Für meine Tante war es immerhin ein triftiger Grund, die drei knochenbrecherischen Stunden Autofahrt in die Hauptstadt auf sich zu nehmen. Die Autobahn von Dresden nach Berlin war der Legende nach ja wirklich noch Betonplatte für Betonplatte vom Führer selbst verlegt worden. Daher rührte dann vermutlich auch seine weltbekannte schlechte Laune.

Die rechte Spur war jedenfalls nicht befahrbar, ohne dass sich das Auto innerhalb kürzester Zeit in seine Einzelteile zerschüttelte. Daher fuhren eigentlich immer alle auf der linken Seite. Aber auch hier war es unmöglich, ein Buch zu lesen, ohne dass einem schwindelig wurde, weil man regelmäßig mit dem Kopf an den Himmel knallte. Wo so etwas möglich war, wie sollte man da an Gott glauben?

Und genauso fühlte ich mich an jenem Sonntag in unserem Wohnzimmer irgendwie auch: wie mehrmals mit dem Kopf gegen den Himmel geknallt.

„Der Weisse Hai II" hatte mein Gehirn zermanscht und mein Gesicht in Flammen aufgehen lassen. Ich war ein menschliches Brandeisen und meine weißglühende Signatur war die des grenzenlosen Schreckens. Mich so herzurichten, das hatte zuvor nur ein Film geschafft: „Das Geheimnis der Monsterinsel" im Kino Blauer Stern in Pankow.

Ich war damals vielleicht sechs Jahre alt und „Das Geheimnis der Monsterinsel" war die gar gräusliche Geschichte eines unsteten Burschen aus wohlhabendem Hause, welcher von seinem unverschämt reichen und weisen Onkel zum Zwecke der moralischen Festigung in die Welt hinausgeschickt wird, um schließlich auf besagter Monsterinsel zu stranden, die neben allerlei scheußlichen Kreaturen am Ende auch noch eine ganz besondere Überraschung für den inzwischen geläuterten Jüngling bereit hält: Sein weiser Onkel hatte die ganzen Monster und sogar den kolossalen Vulkanausbruch mithilfe eines chinesischen Effektkünstlers und verkleideter Schauspieler selbst in Szene gesetzt, um seinen Neffen zu einem richtigen Mann zu machen. Ich war baff. Wie war denn sowas möglich? Es sah doch alles so verblüffend echt aus?!

Als ich mir den Film neulich noch einmal auf DVD angeschaut habe, konnte ich gar nicht mehr glauben, dass es dem besonnenen Onkel finanziell wirklich so gut ging, wie der Film es mir die ganze Zeit weismachen wollte, so schlecht waren seine Monsterschauspieler verkleidet. Und der Vulkanausbruch sah aus, als ob man eine Packung Wunderkerzen angezündet hätte.

Dass sein verwöhnter Neffe da wirklich drauf reingefallen war... so ein Idiot! Und trotzdem hatte er am Ende die scharfe Lotte abgekriegt. Die war aber zugegebenermaßen auch nicht gerade die hellste Kerze im Leuchter.

„Das Geheimnis der Monsterinsel" – alles in allem ein Film also, dessen ursprünglicher Schrecken im Laufe der Jahre bestürzter Langeweile gewichen war.

Ob es mir mit dem „Weissen Hai II" mittlerweile genauso gehen würde? Keine Ahnung. Damals hatte er auf jeden Fall eine neue Tür der Furcht für mich aufgestoßen.

Welche Grausamkeiten die Welt da draußen doch für uns bereithielt, und wie froh ich war, in der gemütlichen DDR zu leben. Einem Land ohne nennenswerte Urgewalten. Die Ostsee barg bis auf den dunklen, kräftigen Harn im Wasser planschender Kleinkinder und zu wenige Urlaubsplätze keinerlei Gefahr für Leib und Laune. Manchmal wurde die Kleckerburg vielleicht nicht so schön, wie man sie sich vorgestellt hatte, aber von Vulkanausbrüchen, Erdbeben, Wirbelstürmen und Lawinen blieb unsere verträumte DDR verschont. Die Sommer waren von puplauer Wärme, die Winter von belebender Frische. Tagsüber war es hell, abends dunkel. Davon konnten viele andere Länder nur träumen.

Nur eine Sache trieb mir auch hier, im liebenswertesten Land des ganzen Weltalls, den Angstschweiß auf die verpickelte Stirn: offene Gullis!

Seitdem ich einmal fast meine Mutter an die Berliner Kanalisation verloren hatte, gingen sie mir nicht mehr aus dem Kopf. Ganz Berlin war unten hohl. Ein grässlicher Gedanke.

Mutti und ich waren gerade auf dem Weg vom Kindergarten nach Hause und warteten auf dem Bürgersteig die Autos ab, um die Buchholzer Hauptstraße zu überqueren. Sie schaute abwechselnd nach links und rechts, ich starrte nach unten. Da sah ich ihn, den Gulli ohne Deckel. Sowas gab's?

Ein metertiefes Loch in der Hauptstadt, direkt vor meiner Mutti ihren Füßen? Ich war mir unsicher, was jetzt zu tun war. Sollte ich sie darauf hinweisen? Ich wollte in dieser Situation auf keinen Fall wie Schlaubi Schlumpf daherkommen, außerdem ging ich damals noch fest davon aus, dass Erwachsene ohnehin alles wüssten. Wozu sollten wir Kinder uns sonst an ihre Anweisungen halten? Meine Mutter hatte das Loch sicher schon lange entdeckt. Vermutlich war sie sogar extra mit mir hierher gegangen, um es mir zu zeigen. Und jetzt hatte sie es vergessen, weil sie in Gedanken schon beim Zubereiten eines köstlichen Abendessens war. Ihre leckere Paprika-Hackfleischpizza mit dem dicken Hefeteigboden oder vielleicht sogar die lustigen Krakenwürstchen.

Ich hatte ja keine Ahnung. Zudem war ich damals noch furchtbar scheu und zurückhaltend.

Jeden Satz, der meinem Mund verließ, bereute ich augenblicklich, weil ich glaubte, irgendjemand anderes hatte ihn irgendwo auf der Welt sicherlich schon einmal wesentlich schöner gesagt.

Kurz bevor wir die Straße überquerten, gab ich mir aber doch einen Ruck: „Da fehlt der Gullideckel!", berichtete ich mit dünner, unsicherer Stimme.

Muttis Reaktion überraschte und erleichterte mich zugleich: „Huch, na das wäre ja was geworden!"

Ich hatte das Richtige getan. Reden war manchmal also doch Gold.

Das hatte ich jetzt begriffen. Nun musste ich nur noch an der Lautstärke arbeiten.

Ich redete immer so leise, weil ich Angst hatte, ausgelacht zu werden.

Da hatten Menschen Bücher geschrieben, Pyramiden gebaut, das Weltall erobert. Ich hatte im Werkunterricht ein Lesezeichen gebastelt und Alf mit dem Lötkolben in ein altes Schneidebrettchen gebrannt.

Aus welchem Anlass sollte ich den Mund aufmachen, was hatte ich der Welt schon zu berichten?

Legendär ist ja ein Schuhkauf, der sich im Jahre 1992 bei Foot Locker im Wedding in der Müllerstraße zugetragen hatte.

Die für meine damalige Wahrnehmung, unglaublich attraktive Schuhverkäuferin erkundigte sich, was genau ich denn suche, und ich antwortete: „Weiße Turnschuhe mit Klettverschluss und Softsohle, Größe 36!" „Wie bitte, ich verstehe Dich nicht." „Weiße Turnschuhe mit Klettverschluss und Softsohle, Größe 36!", wiederholte ich mich noch leiser. Die Nachfrage der schuhverkaufenden Sexgöttin hatte mich völlig aus dem Konzept gebracht. Meine Schläfe pulsierte vor Aufregung und eine unbändige Hitze stieg mir im Kopf empor.

„Wie bitte?!", wiederholte auch sie sich.

„Du muss lauter reden", sagte meine Mutter, ebenfalls verunsichert und betroffen aufgrund meiner für das menschliche Ohr kaum wahrnehmbaren Kommunikationsversuche.

„Weiße Turnschuhe mit Klettverschluss und Softsohle, Größe 36!"

Ich wurde immer leiser. Die Verkäufern und meine Mutter immer unruhiger.

Was war bloß mit dem Jungen los? Würde er gleich implodieren? Je energischer sie auf mich einredeten, ich solle meinen Wunsch doch bitte etwas verständlicher zum Ausdruck bringen, umso stiller und steifer wurde ich. Wir verließen das Geschäft unverrichteter Dinge.

Es war dasselbe Phänomen, das mich seit meiner Pubertät vom Tanzen abhielt. Ich meine, im Prinzip hatte ich unentwegt Lust zu tanzen. Ich wartete nur auf das richtige Lied. Seit mittlerweile 22 Jahren warte ich auf das richtige Lied. Ich hatte keine Ahnung welches es war. Ich wusste nur „It's Raining Men" und „Y.M.C.A." waren es auf keinen Fall.

Wenn ich mit Leuten aus meiner Schule in der Disko war, dauerte es meist nicht lange, bis irgendjemandem auffiel, dass ich nahezu regungslos am Rand der Tanzfläche stand, während alle anderen ausgelassen ihre Hände in die Luft schleuderten.

Schon einige Mädchen hatten versucht, mich aus meinem Dornröschenschlaf zu wecken, aber sie gingen die Sache falsch an.

„Gotti, komm, wir tanzen!" Kaum war dieser Satz ausgesprochen, da hatten sie meistens auch schon meine Hand gepackt und wollten mich ins Getümmel zerren. Ich strauchelte. Ich konnte es noch nie leiden, wenn man mich hinter sich herzog, ich war kein Muli. Je mehr die Mädchen auf mich einredeten und je fester sie zogen, umso fester wurde auch mein Entschluss, am heutigen Abend keinen Fuß mehr vor, geschweige denn abwechselnd neben den anderen zu setzen. Es war, als würde man einen ohnehin schon gut gemeinten Knoten immer straffer ziehen, bis man ihn schließlich gar nicht mehr aufbekam. Viele potentielle Freundinnen waren mir so schon durch die Lappen gegangen.

Mein Alternativvorschlag, wir könnten anstatt zu tanzen doch auch einfach zusammen reden, überzeugte die Mädchen eigentlich nie.

Zu sehr schon waren sie vom Fangstrahl der schauerlichen Chartmusik ergriffen, welcher sie unerbittlich ins ausgebeulte Raumschiff der bekleideten Ekstase sog.

Woher diese Energie, woher dieses ungezügelte Bedürfnis zu Liedern zu tanzen, die man schon seit Jahren und vermutlich auch noch in ferner Zukunft immer wieder und ständig in jeder Disko von Berlin bis Bronkow zu hören bekam?

„Und was gibt's heute zum Abendbrot?“
„Teewurststulle.“
„Und was gibt's heute zum Abendbrot?“
„Teewurststulle.“
„Und was gibt's heute zum Abendbrot?“
„Teewurststulle.“

Kein Abendbrot ohne Teewurststulle. Da würde man doch auch irgendwann sagen: „Moment mal, jetzt reicht's, da muss doch noch mehr sein. Jeden Abend Teewurststulle, ich krieg's einfach nicht mehr runter, das hat doch mit Genuss nichts mehr zu tun.“

Was den Schmerz oft noch verstärkte, war die Tatsache, dass viele Menschen davon ausgingen, nur weil ich in der Disko nichts tanzte, wäre das ein eindeutiges Zeichen für schlechte Laune, welche man mir unbedingt mit frechen Sprüchen oder Schnäpsen austreiben müsse. Dabei amüsierte ich mich meistens prächtig. Aber eben so, dass es keiner von außen sah und eventuell noch was von meinem stillen Glück abhaben wollte. Meine Rolle war und blieb die des interessierten Beobachters.

Ich meine, ein Förster wühlt doch auch nicht mit den Wildschweinen im Schlamm, um sie hinterrücks zu erdrosseln, sondern schaut auf seinem etwas abseits gelegenen Hochstand durchs Zielfernrohr und drückt ab, sobald eines der Tiere aus der Gruppe einen schwächelnden oder überflüssigen Eindruck macht.

Genau das war auch meine Taktik.

Ich drehe mich um und tunke meine Augen ins Wasser. Alles ist verschwommen. Dass die Meeresbewohner hier überhaupt irgendwas erkennen können ohne Taucherbrille, in die sie vorher reingespuckt haben, damit sie nicht von innen beschlägt?

Kein Wunder, dass selbst die klügsten Delphine sich ständig in Tunfischnetzen verheddern.

Nur ein einziger, uralter Tümmler wurde ja bisher mit Lesehilfe gesichtet.

Brille: Sielmann.

Letzter Tag

Heute Morgen habe ich herausgefunden, wie es mir gelingt, auch als ausgewachsener Mann einigermaßen würdevoll unser winziges Zwei-Mann-Zelt zu verlassen.

Die Tage zuvor hatte ich fälschlicherweise versucht, mithilfe des Gollum'schen Bückganges unbeschadet durch unser vielleicht 50 Quadratzentimeter großes Ausgangsloch in die Freiheit zu schreiten. Das klappte aber nie, da ich jedes Mal mit dem Kopf das niedrige Vordach aus der Verankerung riss, was zu einer ungeheuren Kettenreaktion führte, so dass ich am Ende immer das ganze Zelt anhatte. Heute nun habe ich festgestellt, dass es am sichersten ist auf allen Vieren, mit dem Po voran ans Tageslicht zu kriechen. Ich bin stolz auf mich. So steigen sonst nur Könige aus ihren Kutschen. Von allergrößter Wichtigkeit ist es hierbei genau darauf zu achten, dass einem auf jeden Fall min-destens ein Ei aus der Boxershorts rausguckt. Sonst verliert das Schauspiel für alle Augenzeugen deutlich an Wert. Das ist wie mit den Zacken bei einer seltenen Briefmarke, wenn da einer fehlt, ist der Philatelist einfach nicht mehr interess-iert. Keine Ahnung, ob das wirklich so stimmt, aber jetzt habe ich es schon aufgeschrieben.

Der Drops ist somit gelutscht.

Das Kind

Jetzt, wo Isegrim auf der Welt ist, sehe ich diese mit ganz anderen Augen. Mit den Augen eines Wahnsinnigen. Es sagt einem ja auch vorher keiner so richtig was.

Als ich meinem Freund René bei einem Glas Kaffeelikör offenbarte, dass ich demnächst Vater werde, ist er zusammengezuckt, als ob ihm gerade ein verstorbener Verwandter zugewinkt hätte. Beim anschließenden Gratulieren habe ich richtig gemerkt, wie er sich das Lachen verkneifen musste. Und dann hat er den ganzen Abend über immer wieder gekichert. An Stellen, wo eigentlich überhaupt gar nichts Witziges passiert ist. Und als er sich die Schuhe angezogen hatte, schaute er mir noch einmal lange in die Augen und ihm entfleuchte kopfschüttelnd:

„Gotti und Vater". Und dann kam er die ganzen vier Stockwerke bis zur Parterre nicht mehr so richtig zu sich. Sein gräusliches Lachen erfüllte den gesamten Hausflur.

Alle anderen Freunde und Bekannte gratulierten wiederum so überschwänglich zur bevorstehenden Geburt, dass ich auch schon wieder dachte: „Nanü, irgendwas stimmt doch hier nicht. Habe ich jetzt etwa Kacke am Schuh?!"

Der eine kriegt sich überhaupt nicht mehr ein, weil er ein Kind und mich im Kopf irgendwie nicht zusammen kriegt. Alle anderen sind ganz aus dem Häuschen und versprechen beim Leben ihrer eigenen Kinder, auf jeden Fall bei der nächsten Bundestagswahl für uns zu stimmen. Und dass, obwohl wir nur eine ganz normale Familie sind.

Jetzt, wo Isegrim auf der Welt ist, weiß ich was die Zwölf geschlagen hat.

Nämlich 13.

Tag der Abrechnung. Der Teufel mit den drei goldenen Gehirnzellen. Der Engel mit den Eisaugen. Sucky – Die Mörderpuppe. Das jüngste Gesicht.

Schon beim Ultraschall schaute das Kind so grimmig drein, diese Bohne mit den Tyrannosaurus-Rex-Ärmchen und den krummen Froschschenkeln. Obwohl seine Augen geschlossen waren, schaute es grimmig drein. Furchteinflößend.

„Möchten sie das Geschlecht erfahren?", fragte uns die Ultraschallerin.

„Ja, Geschlecht wär' nicht schlecht", antwortete ich.

„Oh, das ist ziemlich eindeutig", entgegnete sie und da sah ich es auch. Unverkennbar. Als ob sich die Sekretärin ohne Höschen auf den Kopierer gesetzt hätte. Ein Mädchen. Wer soll jetzt das Feld bestellen? Im Internet.

Einige behaupten ja, Isegrim sei gar kein Mädchenname. Und das stimmt.

Isegrim steht für den Wolf, bedeutet aber wörtlich übersetzt so viel wie Eisenmaske oder Graugesicht.

Wäre Isegrim ein Junge geworden, hätten wir sie schauerlich verdoppelnamt: Demetrius-Birk und Ingobert-Jobst standen auf unserem Wunschzettel ganz oben.

Wir wollen es unserem Kind im Leben möglichst schwer machen. Es gegen den Strom schwimmen lassen. Sonst wird es faul und doof. So wie wir. Und diesen Lebensstil muss schließlich einer finanzieren. Und da dachten wir als erstes an's Kind. Warum denn nicht? Man kann doch auch mal seine eigene Kugel in den Flipperautomaten schnipsen. Und jetzt:

Trommelfell zerberstendes Gekreische und für den gesunden Menschenverstand nicht nachvollziehbare Heiterkeit wechseln sich bei Isegrim in einer Geschwindigkeit ab, dass man denkt, sie wird ferngesteuert von „Verstehen sie Spaß". Angeblich können Kinder ja noch Geister sehen.

Das ist mir aber ehrlich gesagt egal. Das Kind selber macht mir schon genug Angst. Auf der Suche nach Muttermilch, nimmt es die Witterung auf wie ein Nazgul und wenn es erstmal angedockt hat, saugt es die Mutti leer wie der junge Richard Gereschlund. Und die sogenannten Bäuerchen und Püpschen klingen so schrecklich erwachsen, als würde der dickste Mann der Welt gerade den zweitdicksten Mann der Welt verdauen. Und gerade, wenn man das Kind hoch genommen hat, um es zur Vernunft zu schütteln, da guckt es einen so an, als könnte es kein Wässerchen trüben.

Wie kann man in dem Alter nur schon so verlogen sein?

Morgen bringe ich es zur Polizei.

Es wird sicherlich nicht das letzte Mal sein.

Obwohl er erst seit knapp vier Monaten auf der Welt ist, macht Hannibal Fröbel bereits einen unheimlich resignierten Eindruck. Was ist bloß in das Kind gefahren?
Der Junge hat seit fünf Tagen kein Auge mehr zugemacht, seit ihm Oma Lotte des Nächtens heimlich die alte Lieblingspuppe von Opa Kurt ins Bett gelegt hatte, um dem Kind eine Freude zu bereiten, wenn es aufwacht.

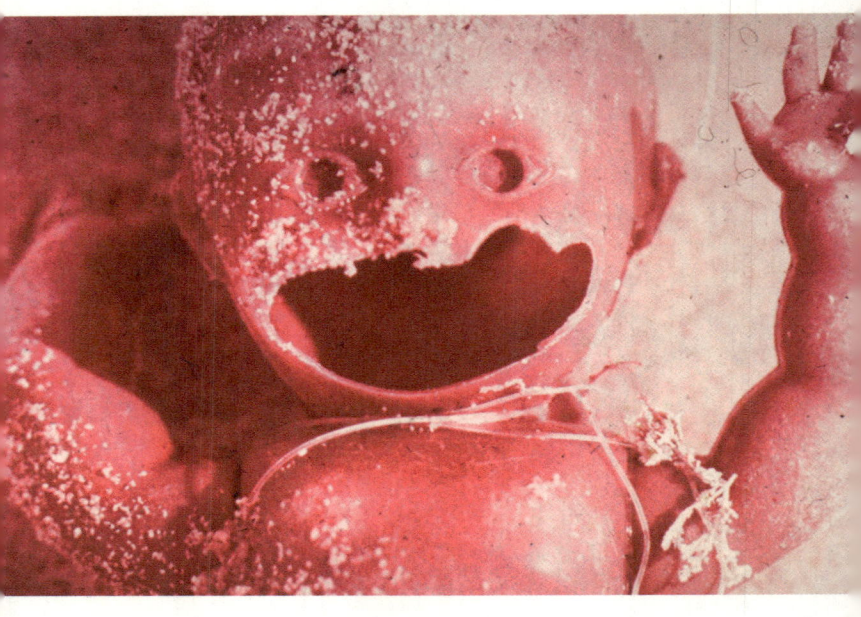

Die Welt der Kinder, wer wird sie je verstehen?!

Der Hofnarr und die Kakerlake
- eine unnötig lange Moritat

An einem grauen Wintertag in seinem Kämmerlein
Ein Hofnarr in den Spiegel sah - das Herz ihm schwer wie Stein.
Die Nacht, sie lag so totenstill, kein einz'ger Vogelschrei.
Ein Glöcklein nur am Schnabelschuh: Dadim, didam, didei.

Der Narr, als er zu Boden sah, sich fürchterlich erschrak.
Wer forsch dort schellt' am Schnabelschuh, das war ein Kakerlak.
Als er wollt treten nach dem Tier, vergnatzt und voller Grimm,
Er innehielt, denn leis erklang der kleinen Schabe Stimm':
„Halt ein, oh Herr, verschone mich. Hör erst, was ich Dir sag.
Voll Sorgenfalten Dein Gesicht, die Haut so blass wie Quark.
Lässt Du mich zieh'n, ich's Dir mit einem guten Rat vergüt'.
Was macht das Herz Dir sorgenschwer? Was trübet dein
Gemüt?"

„Wie kommt es, dass Du reden kannst? So sprich, Insektentier!"
„Die Antwort in den Sternen liegt: Mein Aszendent ist Stier."
„Ach, so ein Zufall, meiner auch. Ist selten hier am Hof.
Des Königs Aszendent ist Fisch, deshalb ist er so doof.
Erst gestern fragt' ich: ‚Kennste den? Kommt 'ne Frau beim Arzt.'
Sein Antlitz, das blieb regungslos, als wäre er verharzt.
Er schnitt mir alle Glöcklein ab – nur eines blieb noch dran.
Doch ohn' all mein lieb Glöcklein bin ich nur ein halber Mann."

„Zwar hat sich alle Grausamkeit des Königs offenbart.
Doch Ihr, oh Narr, seid selber schuld. Der Witz hat so 'nen Bart.
Jedoch ich eine Zote weiß – die ist ein starkes Stück.
Mit der gewinnt Ihr ganz gewiss die Glöcklein Euch zurück."
So hob die Schabe an und sprach den Scherz, den sie ersann
Und schlug damit so ganz und gar den Narr'n in ihren Bann:
„Kommt ein Mann zum Urologen. Sagt der Urologe:
,Sie müssen dringend aufhören zu onanieren.'
,Wieso das denn?', fragt der Mann.
Sagt der Urologe: ,Weil ich sie sonst nicht untersuchen kann.'"

Haha Haha Haha Haha – so hat der Narr gelacht.
Und weil er nicht mehr aufhör'n konnt', ging's so die ganze
Nacht.

Der Hofnarr ließ die Schabe zieh'n und dankte ihr gar sehr.
Am Tag drauf er zum König lief und bat ihn einmal mehr:
„Mein König, wenn Ihr heut bei Tisch ob meiner Possen lacht,
So bitt' ich Euch, gebt mir zurück die Glöcklein meiner Tracht."

Der König ließ den Narr'n gewähr'n und lauschte jenem Witz.
Beim ganzen Hofstaat schlug er ein, gar wie eine Haubitz.
Allein der König gähnte müd und sprach: „Es reicht, genug!"
Als er enttäuscht mit strenger Hand dem Narr'n den Kopf
abschlug.

Da lag er nun der arme Tor, in seinem eignen Saft.
Nur für ein leises „Aua!" reichte seine letzte Kraft.
Die Eitelkeit und Glockenwahn, die brachten ihm den Tod.
Wer Schaben glaubt, ist nicht nur Narr, der ist gar ein Idiot.
Der Ärztewitze Blütezeit, die ist seither vorbei.
Drum manchmal nachts ein Glöcklein mahnt:
Dadim, didam, didei.

Einsamkeit

Wer hat den Ernst in dein Gesicht gebracht?
Wer hat das Licht gelöscht in dir?
Wer hat die roten Wangen bleich gemacht?
Wer brach roh ein in dein Revier?
Wer nahm die Leichtigkeit, die Unbefangenheit?
Wer brachte dich um deine allerschönste Zeit?

Herman van Veen

Alles wirklich gute Fragen.
Schade, dass die Antwort schon drunter steht.

„Kann man denn vom Schreiben leben?"

„Kann man denn davon leben?" Wenn mir diese Frage zum hundertsten Mal nach einer Lesung von einem besorgten Gast gestellt wird, antworte ich eigentlich immer:

„Na, Assis ohne Anspruch bestimmt. Ich nicht. Deswegen arbeite ich nebenbei ja auch noch als Auftragskiller. Äh Entschuldigung, ich meine Aushilfskellner. Ich arbeite nebenbei als Aushilfskellner."

Wenn das den Gast immer noch nicht abgeschreckt hat, erzähle ich ihm von meinem Leben, meinem Leben als Schriftsteller. Einem Leben ohne jede nennenswerte körperliche Aktivität. Die meiste Arbeit spielt sich bei mir ja im Kopf ab, während der Körper in einer Nährlösung aus feuchtem Bettzeug, Kekskrümeln und lieblos verspritztem Ejakulat genüsslich vor sich hinfermentiert.

Gegen 13 Uhr morgens werde ich dann meist durch das Klingeln des Telefons geweckt. Es ist der Bundesnachrichtendienst, der mir mitteilt, dass es schön wäre, wenn ich nun mal langsam in die Gänge käme, weil die Festplatte gleich voll ist und die Jungs im Überwachungswagen aus Langeweile schon Gummihopse spielen.

Wortlos lege ich den Hörer auf und schaue aus dem Fenster. Und wirklich: der hellblaue Lieferwagen, der seit zwei Tagen vor meinem Haus parkt, wippt fröhlich quietschend auf und ab, aus dem Inneren hört man ein dumpfes:

„Seite, Seite, Mitte, Breite - Seite, Seite, Mitte, Raus."

„Trick - Track - Donald Duck - Micky Maus - Rein und Raus."

„In - der - He-xen-kü-che - geht - es - lustig zu."

„Teddybär, Teddybär, dreh dich um, mach dich krumm,

Teddybär, Teddybär mach dich klein, Teddybär hüpf auf einem Bein."

Die Stimmung ist ausgelassen, ja geradezu mediterran.

Als ich ein erstes zartes Morgenpüpschen hell pfeifend in den Äther schicke, ist jedoch augenblicklich Ruhe.

„So ‘ne Sau!", tönt es aus einer meiner vielen Blumenvasen, die das Wohnzimmer schmücken.

„Das hab ich gehört!"

„Na wir hier auch!", ertönt es im 5:1 Dolby-Surround-Sound aus allen meinen vielen Blumenvasen, die das Wohnzimmer schmücken.

„Seit wann verwanzt ihr die Wohnungen der Leute denn mit Lautsprechern?", frage ich erstaunt.

„Wie bitte?"

„Ihr habt mich schon genau verstanden!"

„Moment bitte." Die Vasen beginnen wie wild miteinander zu tuscheln. Dann ist kurz Ruhe.

„Hallo?"

„Ja bitte?"

„Moment bitte." Wieder Getuschel. Und dann schließlich nach einer Weile:

„Hallo, Sie können uns wirklich hören, ja?"

„Ja, laut und deutlich!"

Langsam aber sicher setzt sich der blaue Lieferwagen in Bewegung und verschwindet am Horizont.

Ernüchtert stelle ich mich unter die Dusche und bereite meinen zierlichen Strohhalm mit *Dr. Stark's Eichelglück-Intimwaschlotion* gewissenhaft auf das kommende Wochenende vor. Plötzlich klingelt es an der Wohnungstür. Ich jaule auf. Das ist ja wieder mal typisch:

Die meiste Zeit des Tages passiert nichts, gar nichts. Da stehe ich mit offenem Mund und trübem Blick apathisch im Korridor und freue mich über jeden Speichelfaden, der es schafft, am Stück den Spann meines Pantoffels zu berühren, bevor ich ihn langsam wieder hochzutsche.

Aber kaum, dass ich mich mal auf den Topf gesetzt, in die Wanne gelegt oder mir eine verjüngende Quarkmaske aufgetragen habe, da klingelt's an der Tür.

Und jedes Mal frage ich mich: Nanü, wer kann es sein? Isses wichtig oder nicht?

Dieses Mal ist es ein in weißes Leinen gewandeter, freundlich dreinschauender, nahezu zahnloser älterer Herr, der sich vorstellt:

„Guten Tag, mein Name ist Gott, ich würde mich gerne mit ihnen über die Zeugen Jehovas unterhalten."

„Tut mir leid, ich glaube nicht an die Zeugen Jehovas!", entgegne ich und schlage die Tür sofort wieder zu. Für so 'nen Quatsch habe ich heute keine Zeit. Ich muss nochmal die Kalkulation durchgehen.

Morgen macht schließlich mein zweiter Laden auf. Mein zweiter Blumenladen. Den ersten habe ich schon vor einem Jahr zusammen mit meinem Kumpel, dem ehemaligen Gangsterrapper Ice-T, in New York eröffnet. „O.G. – Original Ginster" haben wir ihn getauft, weil wir beide durch und durch von dem giftigen Schmetterlingsblütler fasziniert sind. Die Zweigestelle in Deutschland wird von dem ehemaligen Gangsterrapper Coolio geleitet. Daher trägt sie den Namen „Ginster's Paradies".

Das Geschäft in New York floriert prächtig, die Leute rennen uns förmlich die Bude ein. Was vor allem daran liegt, dass Ice-T die Schaufenster immer so blitzeblank putzt, dass ahnungslose Passanten unentwegt aus Versehen klirrend hindurchlaufen. Das schmälert zwar den Gewinn am Ende des Monats ungeheuerlich, aber den Spaß gönne ich mir. Mein eigentliches Geld verdiene ich ja ohnehin ganz woanders.

Nämlich mit meinem dritten Blumenladen. Meinem Blumenladen für naturverbundene Bibelfans in der Christburger Straße im Prenzlauer Berg: „Adam & Efeu".

Zudem bin ich als Witzeerfinder für die verschiedensten Comedians aktiv.

Hier mal meine neueste Kreation:

„Was essen Bauarbeiter zur Weihnachtszeit am Liebsten in der Mittagspause?"

„Klappstolle".

Is'n Renner.

Und für die Quizfragen des Livestyle-Magazins Taff bin ich ebenfalls verantwortlich:

Von mir stammt zum Beispiel der Klassiker:

Was ist Tripper?

a) eine leicht übertragbare Geschlechtskrankheit

b) ein drogensüchtiger Delfin

Oder auch der hier:

Welcher chino-amerikanische Kampfkünstler und Hongkong-Cha-Cha-Meister des Jahres 1958 spielte die Hauptrolle in dem Film „Der Mann mit der Todeskralle"?

a) Bruce Lee

b) Müs Lee

Zudem arbeite ich gerade an einer preiswerten Schmuckkollektion für Hartz IV-Empfänger.

Bestehend aus drei Schweinemedaillons, zwei Kausalketten und einer biologischen Uhr.

Es ist verrückt, aus mir sprudeln die Ideen zur Zeit nur so heraus.

Hab ich schon von meinem Absatzverstärker erzählt? Nein?

Der Absatzverstärker ist ein Gerät, mit dem die Frau von heute, wenn sie ausgeht, die Lautstärke und den Sound ihrer Absatzschuhe einstellen kann. Je nachdem wie bumsig sie drauf ist. Da klappert's auch auf Rasen und Sand!

Und wenn das alles nicht funktionieren sollte, habe ich als finanzielle Basis immer noch mein Toilettenhäuschen im Volkspark Friedrichshain. Das ist 'ne reine Goldgrube. Seitdem ich da meine Piesel-Flatrate eingeführt habe, stehen die Leute Schlange. Kein Wunder: Mit der Flatrate können sie für einen Euro den ganzen Tag über so oft Wasser lassen, wie sie wollen.
Viele Jugendliche überschätzen sich dabei jedoch leider sehr häufig selber.
Stichwort: Komapinkeln.

Beim Therapiereiten für junge Legastheniker war das Ziel der
zweijährigen Behandlung sprichwörtlich in Stein gemeißelt.
Das R stand hier selbstverständlich für Erfolg.

Brotzeit

Freunde, es ist wieder soweit – die Arbeiterklasse erhebt sich! Die Zeichen stehen auf Sturm.

Heute wurde ich von einem Bauarbeiter mit einem Kronkorken beworfen. Weil ich Sushi gegessen habe. Dabei ist das überhaupt nicht meine Art. Ich meine, ich habe in meinem ganzen Leben, wenn's hoch kommt, vielleicht dreimal Sushi gegessen.

Und zwar genau heute, hintereinander weg, kurz bevor mich der Bauarbeiter mit dem Kronkorken bewarf. Er hat mich nicht getroffen. Der Kronkorken. Nein - der Kronkorken nicht, aber der Bauarbeiter. Der hat mich getroffen. Und zwar da, wo es ganz besonders weh tut.

Tief drin. Und wie's bei mir tief drin aussieht, das steht nun mal auf einem ganz anderen Blatt geschrieben.

Nämlich auf diesem hier.

Ich hatte Hunger. Ich hatte richtig Kohldampf. Und außerdem war's heiß. Die Sonne brannte wie Zunder und im Kaiser's war's so schön kühl. Und da, wo die rosafarbenen Sushi-Fischchen faul auf ihren schneeweißen Reishäufchen ruhten, da war es noch kühler. Und da dachte ich mir:
Sushi – die Praline des quietschfidelen Weltbürgers. Warum nicht?!
Warum muss es immer Suppe sein? Warum nicht mal roher Fisch? Warum nicht mal ein wenig Seetang? Warum nicht mal einem Dorsch den Rogen direkt aus dem Hintern zutschen? Warum nicht? Träume nicht Dein Leben, lebe Deinen Traum. Man lebt nur einmal. C'est la vie! oder C'est la non! Das hatte man immer selbst in der Hand. Und heute war mir eben nach rohem Fisch. Fisch war momentan einfach mein wichtigster Nährstofflieferant auf dem Weg in eine fleischlose Zukunft. Es war noch ein weiter Weg. Ich fing in kleinen Schritten an. Erst einmal hatte ich mir vorgenommen, nur noch möglichst dumme Tiere zu essen. Keine Schweine mehr. Die sind ja so klug. Laut Wikipedia haben „Untersuchungen an der Pennsylvania University ... ergeben, dass Schweine mit einem Joystick im Maul an einem Monitor Erkennungsaufgaben sehr gut lösen können." Das ist doch was. Ich meine viel mehr macht Stephen Hawking letztendlich ja auch nicht.
Ganz anders dagegen Hühner – die sind so doof, dass sie sogar nachdem man ihnen den Kopf abgehackt hat, noch Minuten auf dem Bauernhof rumtoben, weil sie überhaupt nicht kapieren, dass sie bereits tot sind.
Eines der beeindruckendsten Beispiele für die Dummheit der Hühner ist sicherlich Miracle Mike. Nachdem er von seinem Besitzer am 10. September 1945 in Colorado ent-

hauptet wurde, lebte Mike, der Hahn, noch ganze anderthalb Jahre völlig unbeeindruckt weiter.

Miracle Mike wurde schlagartig im ganzen Land bekannt und entwickelte sich zu einer der beliebtesten Jahrmarktsattraktionen in den Vereinigten Staaten. Damit er nicht verhungerte, wurde Mike von seinem geschäftstüchtigen Besitzer mit einer Mischung aus Milch und Wasser, welche ihm mit Hilfe einer Pipette direkt in die Speiseröhre getropft wurde, sowie Mais und kleinen Steinchen gefüttert. Bis zu seinem zweiten Tod, durch ersticken, nahm Mike auf diese Weise ganze drei Kilo zu. Das muss man sich mal vorstellen!

„Fertig?", fragte die Kassiererin trocken. „Darf ich das Sushi jetzt über den Scanner ziehen Herr Grimm? Oder kommt noch ein Märchen?"

„Ja aber, beeindruckt sie das denn überhaupt nicht? Dieser Hahn. Dieser Lebenswille.

Diese Pipette!"

„(Schnauf) Darf ich das Sushi jetzt über den Scanner ziehen?"

„Drei Kilo, obwohl er keinen Kopf mehr hatte!"

„Alter!"

„Ja, is' ja gut!" Hastig legte ich die drei Packungen Sushi aufs Warenband. Ich hatte echt Knast.

Kaum wieder unter freiem Himmel, hieß es schnell handeln. Die Kühlkette durfte auf keinen Fall unterbrochen werden, bevor ich die rohen Delikatessen unzerkaut heruntergewürgt hatte. Sonst drohte der schlimmste Fall. Der Brechdurchfall. Wegen der Salmonellen – den Klingonen unter den Bakterien.

Ich setzte mich auf einen Stein in der Nähe einer Baustelle, packte die Stäbchen aus und begann zu speisen. Schön war das. Die Sonne im Gesicht, Sushi auf der Zunge und zwei faustdicke Bündel Pappelpollen in den Nasenlöchern. Was brauchte man mehr?

Aus einiger Entfernung sah ich zwei glatzköpfige Männer mit grauen Gesichtern auf mich zukommen. „Scheiße", dachte ich, „Bauarbeiter!" Wenn die mich so sehen. Ich bin doch ein lebendes Klischee. Während sie unsere Straßen und Häuser errichten, im Schweiße ihres Angesichts, unbehaart und zahnlos, sitze ich hier mit wildem, wehendem Haar in der Mittagssonne und pfeife mir eine Weltbürgerpraline nach der anderen rein. Da musste doch einfach Wut in ihnen aufsteigen.

Um zu ihrer Baustelle zu gelangen, mussten die zwei hinter mir eine kleine Böschung hochlaufen. Ich hielt den Atem an. Irgendetwas würde passieren. Das spürte ich sofort. Kaum, dass sie auf Höhe meines Rückens waren, hörte ich auch schon die Bierflasche ploppen. Offensichtlich wollten die beiden mir akustisch vermitteln, was der Mann von Welt um diese Zeit zu essen hat. Bier! Keine fünf Sekunden später landete dann endlich auch der Kronkorken neben mir auf dem Boden. Ich tat so, als hätte ich davon gar nichts mitbekommen, weil der köstliche rohe Fisch meine ganze Aufmerksamkeit in Anspruch nahm. Geduldig wartete ich ab, bis die Bauarbeiter an mir vorbeigezogen waren. Dann hob ich den Kronkorken auf. Für welche edle Marke hatten sich die proletarischen Feintrinker wohl entschieden? Sternburger! So eine Überraschung! Das Bier des Jetsets, das Kultgetränk der Reichen und Schönen!

„Eine ausgezeichnete Wahl!", entfuhr es mir verzückt. „Sternburger – dieser Name vereint die Sehnsucht nach der unendlichen Weite des Universums mit der urigen Gemütlichkeit einer gut geschützten Behausung. Wirklich, eine ausgezeichnete Wahl!"

Fassungslos drehten sich die beiden um.

„Sag mal, willst Du ein paar auf die Fresse, oder was, Du abgehangener Sushilappen?"

„Na ein paar aufs Konto wären mir ehrlich gesagt lieber."

Ich musste lachen. Der Witz war echt gut. Leider merkten die beiden davon nichts.

Erst, als sie mir das letzte Stück Nigiri-Sushi ins Ohr gestopft und ein gehäuftes Stäbchen Wasabi-Paste ins Auge geschmiert hatten, mussten sie ein wenig schmunzeln.

Mit Humor ist es eben wie mit rohem Fisch:

reine Geschmackssache.

Sie war eine Legende.
Hannelore McQueen – das einzige Cowgirl,
das ihren Sattel unter der Hose trug.

Oranienburger Skizzen

Bauchfrei auf der Hollywood-Schaukel. Eine zerdroschene Mücke an der Backe, sitze ich mit einem Gläschen Sambalita in der Hand im maracujafarbenen Abendlicht der Tiergartensiedlung und denke nichts weiter außer: Wie komm ich heut noch in meine Olle rein, ohne aufstehen zu müssen? Es ist Samstag. Ich habe die ganze Woche über hart gearbeitet. Das würde ich gerne sagen. Aber es ist Mittwoch und ich hatte die letzten Tage frei. Und so sitze ich da. Faul und fickrig. Und starre auf die Knoblauchsoße. Ich liebe Knoblauchsoße. Obwohl sie dick macht und schlechtem Aten. Trotzdem liebe ich sie. Genau wie meine Frau. Abends putzen wir uns damit die Zähne. Morgens auch. Wir tun sie in den Kaffee und sie gehört als Topping auf's Marmeladenbrötchen. Wir waschen uns damit die Hände und wir baden darin. Wenn es der Geldbeutel zulässt. Meine Frau und ich sind einfache Leute. Früher, ja früher. Da dachten wir noch: Später, ja später. Und jetzt? Ja jetzt sitzen wir da. Ich bauchfrei, meine Frau hinten ohne und fragen uns: Wie soll man diesen Zustand noch toppen? Ganz klar, mit einem schönen Schoppen Knoblauchsoße.

Die Vögel haben sich bereits in ihren Baumbetten versammelt und erzählen aufgeregt vom Tag. Ich wäre auch gerne ein Vogel. Aber einer, der den ganzen Tag sitzt. Ein Brüter. Ich wäre gern ein Brüter. Aber anstatt auf 'nem Kind würde ich gerne auf 'nem Kissen sitzen. Schon rein aus rechtlichen Gründen.

Babysitting und Facesitting zu verwechseln, ist kein Kavaliersdelikt.

Aber Spaß beiseite. Ich sitze also im Garten und schaue in den tomatenfarbenen Brandenburger Himmel. Die süße, schwere Abendluft klebt wie Honig auf unseren Lippen. Flieder, Goldregen, Prachtspiere und Rhododendron blühen in satten Farben. Aus jeder Himmelsrichtung wehen Fetzen von munter quasselnden Menschengrüppchen heran. Irgendwo wird zu "Sun of Jamaica" mitgesungen. Ein Kind lacht. Meine Frau streichelt die Katze und zählt laut die Maulwurfshügel. Das soll bei mir Druck aufbauen, funktioniert aber nicht.

Auch ich habe jetzt Feierabend. Mein Tagwerk ist getan. Ich habe um 9 Uhr gefrühstückt, mir die Berliner Zeitung durchgelesen und dann setzte auch schon wieder die Dämmerung ein. Jetzt bin ich klüger als vorher, aber auch trauriger.

In einem Artikel stand: Zeit ist das kostbarste Gut auf der Welt. Wer das erstmal verinnerlicht habe, sei ein glücklicher Mensch.

Da habe ich erstmal zwei Stunden durchgeweint, weil ich mich so sehr darüber ärgerte, dass ich Dinge immer so unnötig lange in die Länge zog.

Zeit ist das kostbarste Gut auf der Welt - Fisch ist das kostbarste Grillgut in Oranienburg. Zumindest für meine Frau und mich. Jeden Aal, den wir in der Havel erlegen, indem wir ihn mit dem Fußballen zertrampeln, wissen wir zu schätzen. Ob sich Ersticken an der Luft für die Fische genauso anfühlt wie für uns Menschen Ertrinken im Wasser?

Toll, jetzt muss ich die ganze Zeit ans Ertrinken denken. Muschi! Muschi! Muschi! So, jetzt geht's wieder. Das ist mein Trick, um die bösen Bilder und Gedanken zu verscheuchen. Ich hab's mit allen möglichen Wörtern versucht. Aber das funktioniert echt am besten.

Morgen muss ich noch Unkraut zupfen. Man könnte sich so viel Arbeit ersparen, wenn Unkraut gesellschaftlich akzeptiert wäre.

So muss man das rausreißen, was von alleine gedeiht, um das aufblühen zu lassen, was gegossen, gedüngt und beschnitten werden muss. Eigentlich genau wie in der Liebe. Der Mensch möchte die Dinge zähmen und formen, anstatt sie einfach zu akzeptieren.

Ein stechender Schmerz erzürnt meine Lende. Bremse! Bremse! Diese verfluchten Bremsen! Zähe Biester sind das. Da muss man immer zweimal draufhauen. Sonst kommen sie wieder.

Im Gegensatz zu Mücken durchstechen Bremsen die Haut nicht mit einem Rüssel, sondern reißen mit ihren Mundwerkzeugen eine offene Wunde hinein, um dann aus der Blutpfütze zu trinken. Deswegen ist man auch jedes Mal so wütend.

Meine Frau und ich haben ja jetzt so 'nen Elektrotennisschläger, mit dem man Insekten auf Knopfdruck töten kann. Funktioniert auch bei Fröschen, wenn man Geduld hat.

Der Bauer hackt Holz oder Hühner. Das ist nie genau auszumachen.

Ich hab' Lust auf was Süßes. Aber wir sind im Garten nur spartanisch verpflegt. Das einzig Süße, das es gibt, ist das Kaukaupulver in der roten Dose über dem Brotkasten. Als ich mir das letzte Mal heimlich des Nächtens einen gehäuften Esslöffel des braunen Goldes in den Rachen geschoben hatte und sich meine Augen vor Entzücken um die eigene Achse drehten, guckte da plötzlich E.T. durch den bunten Fliegenvorhang der Bungalowtür. Mir hat's vor Schreck das ganze Pulver in die Luftröhre gejagt. Ich dachte, das war's. Tod durch Völlerei. Dabei war's nur meine Frau. Nackt, schwanger und ungeschminkt war sie gekommen, um mich zu fragen, ob ich ihr mal den Bauchnabelfussel rausholen könne, sie käme selber nicht so gut ran. So läuft das hier auf dem Land. Alles ein bisschen uriger, robuster.

Über Kot vom Nachbarshund vor unserem Tor würden wir uns direkt freuen.

Wir haben Kot vom Nachbarn auf unserem Hund. Unsere Nachbarn sind richtige Urgewalten. Wir nennen sie nur die ShittyShitty BangBangs. Diese Familie würde selbst im Haus von Snoop Doggy Dogg mir nichts dir nichts die ganze Shizzle voll dizzln.

Meine Frau und ich machen ja immer über ein drei Meter langes Plaste-Rohr direkt inne Fäkaliengrube. Zweimal im Jahr schraube ich den Deckel auf, um zu gucken, ob das Fass schon voll ist und die Firma Ferrero wieder zum Abpumpen kommen kann. In dem Augenblick, wo man reinguckt, sind die letzten zwei Wochen Urlaub komplett dahin. Das macht einen alle. Auch, weil einem erstmal wieder bewusst wird, wieviel man dann eigentlich doch schon geschafft hat im Leben. Es ist ein wenig so als ob man in den Sternenhimmel schaut, man kommt sich plötzlich so klein und nichtig vor. Vielleicht würde es besser riechen, wenn wir es in Sherry-Fässern lagerten und noch eine Petersilie oben drauf legten.

Unser Wasser kommt aus einem 10 Meter tiefen Brunnen und ist so eisenhaltig, dass wir Kühlschrankmagneten am laufenden Strahl befestigen können.

Außerdem ist es eiskalt. Als Einmeterachtzig-Mann trete ich unter die Dusche, als Einmeterzwanzig-Teilnehmer der Mini-Playback-Show verlasse ich die Zauberkugel und singe mein Lied: AAAaaaaahhhhhhhhiii!!!

Letzten Sommer hatten wir 'nen Marder in der Zwischendecke. Abends, wenn wir Fernsehen schauten, konnten wir ihn knabbern hören.

Ich hab immer gelauscht, wo die Kaugeräusche am lautesten sind und dann mit 'nem Hammer gegen die Stelle gehauen, in der Hoffnung, das würde den Marder erschrecken und auf Dauer so nerven, dass er unsere mit Dämmmaterial gefüllte Zwischendecke freiwillig verlässt. Nach jedem Schlag war kurz Ruhe. Dann ging die Knabberei weiter. Hammerschlag. Ruhe. Weiterknabbern. Hammerschlag. Ruhe. Weiterknabbern. So verbachten wir zwei den letzten Sommer, der Marder und ich. Mittlerweile knabbert es bereits an drei Stellen gleichzeitig.

Trotzdem halte ich an meiner Taktik fest. Mir fällt einfach nichts Besseres ein. Und töten will ich ihn nicht. Den süßen Fratz. Hab' neulich mal im Internet nachgeguckt, wie er überhaupt aussieht. So niedlich, der Marder.

Da können meine Frau und ich nicht mithalten.

Morgen machen wir eine Bootstour auf der Havel.

Voller Vorfreude pupsen wir das Schlauchboot auf.

Sicher, das dauert ein wenig länger, aber undichte Stellen lassen sich so erfahrungsgemäß deutlich schneller orten.

Das Mahnmal der geklauten Nase.

7 Sachen, die ich noch will im Leben machen

1. Mich einmal als Gebüsch verkleidet an jemanden heranschleichen und immerzu kichern.

2. Jemandem eine Banane in den Auspuff stecken. Mich dann hinter einer großen silbernen Mülltonne verstecken und über WalkiTalki mit meinem Kumpel „Chauli" Kontakt aufnehmen und berichten, dass ich gerade jemandem 'ne Banane in den Auspuff gesteckt habe. „Ende."

3. Auf einem Segway den Himalaya erklimmen.

4. Eine von allen Menschen verhasste Person mit einem selbstbestickten Kissen ersticken.

5. In einer von 200 dreibeinigen Katzen gezogenen Kürbiskutsche am Berghain vordrängeln.

6. Jemandem bei einer wichtigen Rede einen Saugpfeil an die Stirn schießen.

7. Jemandem bei einer wichtigen Rede noch einen Saugpfeil an die Stirn schießen.

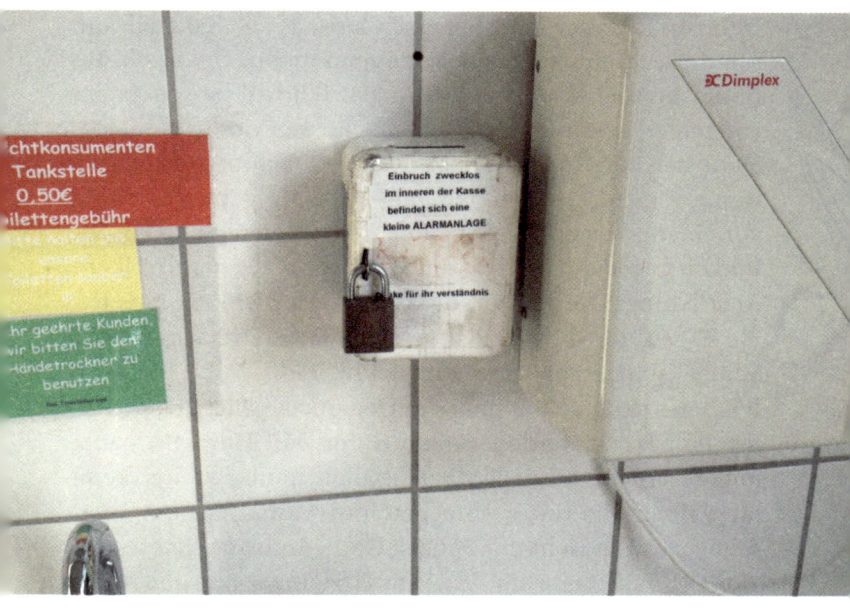

... und wahrscheinlich auch ein ganz, ganz kleiner Polizist,
mit 'ner ganz, ganz kleinen Pistole.

Papprolle vorwärts

Intensiv Russisch und Spanisch lernen, das habe ich mir für dieses Jahr auch noch vorgenommen. Spanisch aus reiner Freude, Russisch aus Angst. Ich will ja wenigstens verstehen, wofür ich am Ende erschossen werde.

Natürlich bereitet auch mir die aktuelle politische Lage ein wenig Kopfzerbrechen. Ich habe ja schon jahrelang Angst vor einem Bürgerkrieg. Die Rechten gegen die Linken. Die Linken gegen die Polizei. Und die Polizei gegen ihre eigene Ausrüstung. Die Polizei, die Gelenkschmiere des Staates. Sie hat es gerade wirklich nicht einfach. Druck von allen Seiten. Manchmal tut sie mir richtig leid.

Ich habe sogar schon mit dem Gedanken geliebäugelt, selber Polizist zu werden. So ein Guter. Mit Herz, Schnauze und so einem speziellen Schlag, den immer keiner kommen sieht. Wo die Verbrecher in der Stadt sagen: „Verscherze es Dir nicht mit Polizist Gotti. Sonst wachst Du mit 'ner Schnabeltasse im Auge im Griesinger auf und weißt gar nicht mehr warum."

Als ich das mit der Silvesternacht in Köln gehört habe, dachte ich sofort, Frauen sollten zum Schutz auf Großveranstaltungen unterschiedlich gestimmte Quietsche-Entchen vor den primären und sekundären Geschlechtsmerkmalen tragen, damit bei ungestümen Berührungen eine schiefe Melodie und somit eine dermaßen schauerliche Musik entsteht, die jedem radikalen Islamisten augenblicklich den Vollbart wie'n Windsack bei Sturm Richtung Mekka pustet. Vorurteile, diese ganzen Vorurteile und Gerüchte.

Neulich lief eine Doku im Fernsehen, in der zwei junge

Afghanen während ihrer Flucht nach Europa begleitet wurden. In einem ruhigen Moment schwärmte der eine dem anderen von Frankreich vor. Er habe gehört, dass in Paris jeden Morgen Hubschrauber in den Himmel aufsteigen, um Parfüm über der Stadt zu versprühen.

„Parfüm mit Hubschraubern, warum denn das?", wollte der andere wissen.

„Damit es gut riecht!", entgegnete sein Freund.

Gegen Ende der Doku saßen die zwei im Schatten einer Brückenbrüstung in Paris und waren sich einig: „Hubschrauber. Parfüm. Es war alles gelogen!! Hier ist es ja noch schlimmer als zu Hause."

Was war passiert? Was hatten diese Leute denn erwartet?

Wie war das denn bei mir selbst damals, als plötzlich die Mauer fiel?

Zwei Länder so dicht nebeneinander und doch schon so unterschiedlich.

Meine Eltern schauten freitags regelmäßig „Aktenzeichen XY" im Zweiten Deutschen Fernsehen. Diese furchtbaren Szenen. Nur nachgestellt zwar, aber nach wahren Begebenheiten, und die Mörder, Räuber und Vergewaltiger liefen immer noch frei rum.

Mörder, Räuber und Vergewaltiger. So etwas gab es in meiner Welt nicht. Bei uns in der Gegend erkannte man die wenigen zwie- lichtigen Gestalten schon aus dreißig Meter Entfernung am unnötig hocheingestellten U-Lenker und dem Kofferradio am Klappfahrrad. Schlechte, laute Musik. Mehr Gefahr drohte nicht. Nach „Aktenzeichen XY" war ich mir sicher, dass jeder Erwachsene in Westdeutschland unter seinem Alfpullover einen Revolver trägt. Ich glaubte damals aber auch noch, dass Capri-Sonne gesund sei. Warum sonst sollten die Kinder in der Werbung lachend nach ihr im Meer tauchen?

Als ich das erste Mal 'ne echte Barbie mit beweglichen Knien in der Hand hatte, bin ich fast ohnmächtig geworden, so schön hat sich das angefühlt.

Meine erste Westplatte war „Snap! – The Power", gekauft an der Leopoldstraße, durchgebogen wie Nülle, so dass immer die Nadel gesprungen ist. Umgetauscht. Anders durchgebogen wie Nülle. Einen Groschen zum Beschweren auf den Plattenarm gelegt und immer wieder versucht, das Album zu mögen, weil alle Jungs in meiner Klasse so davon geschwärmt haben. Ich hab's mir wirklich reingewürgt. Tag und Nacht. Bei „Mary had a little boy" war's am schlimmsten. Was für ein schreckliches Lied.

Als ob der Leibhaftige im Suff auf die ungestimmte Klaviatur des Lebens gekackt hätte.

Da blieb ich doch lieber bei meiner Enya. „Shepherd Moons" – ein herrlich verträumtes Album.

Eines Abends kam mein Vater von der Arbeit nach Hause und zog eine niegelnagelneue aufwendig kunstbedruckte Sechser-Kassettenbox „Wagner - Ring des Nibelungen" aus seinem Aktenkoffer. Was sollte denn das? Meine Eltern hatten mit Klassik überhaupt nichts am Hut. Mein Vater erklärte, dass diese sechs bespielten Wagner-Kassetten zusammen preiswerter waren als wenn er vier Leerkassetten gekauft hätte.

So wich der „Ring des Nibelungen" Stück für Stück Shakin' Stevens, den Dire Straits, Jive Bunny and the Mastermixers, Leonard Cohen, Freddy Quinn, der Goombay Dance Band, Gottlieb Wendehals, Helga Hahnemann, Boney M. und den BeeGees. „You win again" – für mich damals das härteste Lied aller Zeiten. Dieses Schlagzeug am Anfang! Manchmal machte ich das Küchenfenster auf, um meinen schweinebaumelnden Klassenkameraden auf dem Klettergerüst Angst einzujagen.

Das sollten sie sich schön zweimal überlegen, ob sie mir morgen nochmal die Weintrauben aus der Brotbüchse klauen.

An meiner Wand im Kinderzimmer hing ein Poster der reiferen Sophie Marceau und ein aus einem Katalog herausgerissenes Schwarzweißbild von Cindy Crawford, der nach dem Duschen auf einer Dachterrasse das weiße Frotteehandtuch versehentlich soweit vom Rücken runter gerutscht war, dass man ihre beiden Puppenpunkte über dem Steiß und sogar die Quelle ihrer Poritze sehen konnte. Sie schaute mit noch nassen Haaren und halb geschlossenen Augen über ihre rechte Schulter in die Kamera, ihr Mund stand leicht offen. Wieviel konnte auf einem Foto noch schief gehen? Das war offensichtlich nicht Cindys Tag. Aber gerade ihre tollpatschige Art machte sie mir sympathisch. Bei Cindy Crawford ging es mir nie ums Aussehen. Ich mochte sie einfach als Mensch. Das habe ich ihr in mehrseitigen Briefen immer wieder schriftlich versichert. Ich war elf, sie einundzwanzig. Was hätte da schiefgehen können? Ich war ein willenlos formbarer, gerade im Aufgehen begriffener Hefeteig. Sie hätte sich aus mir den perfekten Ehemann backen können. Leider trennte uns die Sprachbarriere. Sie nur Amerikanisch, ich ausschließlich Deutsch und ein paar Brocken Russisch.

Als wir einmal mit unseren neuen Bekannten aus Steglitz an die West-Ostsee gefahren sind und von dort aus einen Ausflug nach Hamburg machen wollten, fragte mich Onkel Thorsten, was ich mir denn in Hamburg am liebsten ansehen würde. Ich wackelte eine ganze Weile unschlüssig mit den Ohren und antwortete in der für mich damals typischen Lautstärke: „Die Herbertstraße."

„Wie bitte?" „DIE HERBERTSTRAßE!!", wiederholte mein Vater genervt und begeistert zugleich. Da war sein Sohn gerade erst 13 Jahre alt und besaß trotzdem schon so ein sicheres Gespür für die richtigen Sehenswürdigkeiten.

Am Ende war ich sehr zufrieden, kam mir aber weltbildlich auch ein bisschen vermöbelt vor.

Die Frauen in den Schaufenstern sahen allesamt klüger und gepflegter aus als die Mädchen in meiner Klasse. Ich hatte einen ungünstigen Zeitpunkt für die Pubertät erwischt. Die neueste Mode war Topfschnitt oder Palme mit Glitzerfrottee-Haarband, XXL-Jeans, XXL-Pullover, darüber XXL-Blousons und ein bis zu den Knien hängender Armeerucksack mit bis zu den Fersen baumelndem Mercedes-Stern, serviert an Ostberliner Rundrücken. Die Mädchen hatten so viele unförmige Sachen an, dass meine gesamte damalige Imagination nicht dafür ausreichte, mir vorzustellen, dass sich darunter für den Geschlechtsverkehr empfohlene Körperteile befinden könnten.

Ich war damals aber ohnehin nicht das schärfste Messer im Holzblock.

Von den zwölf Jahren Schule habe ich vermutlich acht damit zugebracht, mit offenen Augen vor mich hinzuträumen. In Chemie hatte ich bereits recht früh den Anschluss verloren. Nach der einmaligen Herstellung von Schwefelsäure konnte ich mich an nichts mehr erinnern. Und um mich in den Stoff zu vertiefen, hätte ich mir das ganze Chemiebuch zuhause nochmal von vorne durchlesen müssen. Und bei diesem Gedanken wurde mir richtig schlecht. Selbstauferlegte Langeweile, das merkte ich schon sehr früh, war keine Option für mich. Auch wenn der daraus resultierende Bildungsnachteil mein Ansehen in der Gruppe schwächte. Das war mir aber egal.

Seitdem es mir gelungen war, aus dem mütterlicherseits achtlos weggeworfenen Pappkern einer Stanniolpapierrolle und zwei alten Luftballons eine Apparatur zu bauen, mit der ich mir selber einen blasen konnte, frönte ich einem zufriedenen autarken Leben in meinem feuchtwarmen Jugendterrarium.

Formeln lernen. Wozu? Ich stand allen Elementen offen gegenüber. Ich verachtete jede wissenschaftlich belegte Formel, die uns der staatliche Bildungsplan aufdrücken wollte.

In Mathematik hat's mich dann bei der Kurvendiskussion augenblicklich aus derselben geschleudert. Was sollte das? Warum tat man uns das an? Wir wollten rauf auf die Weiber. Und keiner der Erwachsenen half uns. Als Sibylle Neuschwan in der „offenen Runde" im Biologieunterricht mal nervös kichernd nachfragte, ob man sich eigentlich mit Aids anstecken könne, wenn aus Versehen Sperma des Jungen in den Mund gelangte, bekam unsere Biologielehrerin Frau Jäger augenblicklich einen blutroten Kopf und bei uns Jungs stand vor Erregung keine Schulbank mehr gerade.

Sperma im Mund. Was war denn plötzlich in Sibylle gefahren?

„Wenn der Junge eine offene Wunde im Mund hat, ist das durchaus möglich", antwortete Frau Jäger misstrauisch. Aha. Augenblicklich durchsuchte ich mit der Zunge meinen Mundraum. Keine offene Wunde. Gott sei Dank! Ich konnte Sperma schlucken, so viel ich wollte und würde nicht krank werden, höchstens dick. Glücklich jauchzte ich auf. Juchu! Der Tag war gerettet. Ich konnte die Papprolle also doch noch ein Stück kürzer schneiden. Ich bastelte ohnehin sehr gerne.

In Kunst war ich ein echtes As. Mein Kunstlehrer sah das anders. Aber das ist ja das Schöne an Kunst - da kann man alles behaupten, weil der eigentliche Wert nun mal im Auge des Betrachters liegt. Mein Kunstlehrer fand meine

Werke unvollendet und nicht bis zu Ende gedacht. Ich fand sie einfach nur hammergeil. Und das ist ja deutlich besser. „Die Schuleule Paula, die Buratino auf die Nase kackt". Ick sag's nur. 1983. Icke.

Meine aus Zeitschriften ausgeschnittenen Collagen: Schnattchen, Pitti und Robocop fliegen inner Packung Edle Tropfen an Erich Honecker vorbei, darüber 'ne Sprechblase: „Wir sollen Sie schön grüßen. Von Möbel Hübner." Icke. Dezember 1989.

Das einzige Fach, das mir wirklich was gebracht hat, war der Deutschleistungskurs. Hier lernte ich zwei Dinge: dass man die Wörter aus dem Satz davor möglichst nicht im nächsten wiederverwenden soll und dass man die Wörter aus dem Satz davor möglichst nicht im nächsten wiederverwenden soll.

Der neue leichte Pulli

Sauron hat jetzt 'nen neuen „leichten Pulli". Sie hat so lange nach ihm gesucht. Nun isser endlich da. Da, wo er hingehört: lässig über ihren Leib gestülpt. Glücklich schaut ihr Kopf aus der dafür vorgesehenen Öffnung.

Danach ist sie also die ganzen letzten Tage rumgerannt. Wie kann man ihn am besten beschreiben, den Wunderpulli?! Schwarz, glitzernd, mit Raff, unverschämt locker fallend. Ein beim Erreichen von Sprintrekorden völlig untaugliches Kleidungsstück; für Wanderungen oberhalb der Baumgrenze ebenfalls ungeeignet, und aufgrund seiner Grobmaschigkeit zum Filtern von verschmutztem Trinkwasser auch nur bedingt zu empfehlen.

Aber man könnte mit ihm total gut Silvester im Palast der Republik feiern. Wenn es den noch geben würde.

Von außen schaut er ja unverschämt weich und flauschig aus, der neue Pulli, aber bei Berührung entpuppt sich seine verführerische Oberfläche als eine unheilvolle Mischung aus grobem Schmirgelpapier und rostigem Kettenhemd. Ich meine, da fragt man sich doch: Wer baut sowas? Hat der Mensch in seiner langen Geschichte nicht schon genug Unheil angerichtet? Warum muss immer wieder was Neues kommen?

Ich bin ja schon immer gegen alles Neue. Neues macht mir einfach Angst.

Was sicherlich daran liegt, dass ich meistens noch nicht mal das Alte so richtig verstanden habe.

Aus diesem Grund sprach ich mich damals auch als einer der ersten der Klasse 6b gegen den Erwerb einer Gangschaltung für's Fahrrad aus, weil ich der Meinung war, man könne, bevor es eine steilen Berg hinauf geht, doch auch einfach kurz vom Rad steigen und die Kette per Hand auf's größere Ritzel ziehen. Das wäre ja nun nicht das Ding.

Damals war es total angesagt, den Hebel der Gangschaltung am schrägen Unterrohr des Fahrradrahmens zu befestigen anstatt bequem neben dem Lenkergriff, damit man sich beim Schalten immer umständlich nach unten beugen konnte und somit für alle anderen klar war: „Ach, kiek mal, der hat 'ne Gangschaltung! Stasi!"

Auch das Aufkommen der ersten Computer in Privathaushalten beäugte ich kritisch. Seit mein Schulfreund Robert Öhmchen einen PC hatte, war er kaum noch an der frischen Luft, sondern saß stundenlang bei zugezogenen Vorhängen in seinem Jugendzimmer und spielte „Wing Commander". Einmal, nach der Schule, durfte ich auch mal... hinter ihm auf einem Hocker sitzen und zugucken.

Es war der helle Wahnsinn. Als „Wing Commander" flog man im Cockpit eines mit allerlei anzeigenden Anzeigen und blinkenden Lämpchen bestückten Raumschiffes durchs Weltall und zerstörte andere, feindliche Raumschiffe. Vorausgesetzt, es kamen mal welche vorbei. Ansonsten hing man in der pixelarmen Bordkantine ab und führte Gespräche von verblüffender Tristheit.

Der eigentliche Sinn des Spiels schien aber ohnehin darin zu bestehen, dass Robert Öhmchen im Minutentakt die nächste wabbelige Floppy-Disk ins Laufwerk stopfen musste, damit sich im Weltraum überhaupt irgendwas bewegte. Alles in allem also ein eher ernüchternder erster Einblick in's digitale Zeitalter.

Ebenso weigere ich mich seit Jahren, ein Auto mit automatischen Fensterhebern zu steuern. Weil ich die Fenster, wenn das Auto aufgrund eines unerwartet kräftigen Niesers meinerseits ruckartig von der Straße abkommt, die Leitplanke durchbricht und von einer Brücke in einen tiefen Bergsee stürzt, wo es langsam zu versinken droht, während das Wasser unaufhörlich durch die Lüftungsschlitze schießt und ein Kurzschluss die gesamte Elektrik lahmlegt; weil ich dann eben die geschlossenen Fenster nicht umständlich und kräftezehrend eintreten muss, um dem sicheren Tod zu entrinnen, sondern dieselben einfach bequem runterkurbeln kann und somit kerngesund und im Prinzip schon wieder ausgehfertig an die Wasseroberfläche geploppt komme.

Ich muss es ganz deutlich sagen: Mit mir hätte es das Rad nie gegeben. Dafür würden wir uns alle zur morgendlichen Begrüßung gegenseitig das Geschlechtsteil schleckern, so wie Hyänen. Die machen das, um sich gegenseitig Respekt zu zollen und das Gruppengefühl zu stärken.

Ich finde das eine gute Sache.

Allein mir fehlt der Mut und ehrlich gesagt auch das Interesse, den Stein ins Rollen zu bringen.

Man muss nicht überall der Erste sein.

Da konnte ihr Mann noch so verständnislos gucken.
An diesem Schnäppchen von „Bijou Brigitte" konnte sie
einfach nicht vorbeigehen.
Ihre einzige Sorge: „Jetzt bloß kein Gewitter!"
Seine einzige Hoffnung: „Jetzt bloß ein Gewitter!"

Naturtrüb

Die international trägen Tage zwischen Weihnachten und Silvester habe ich diesmal durchweg tiefenentspannt in der waagerechten verbracht. Die Fernsehcouch fausthoch mit Katzenstreu bedeckt, um nicht bei jeder Kleinigkeit aufstehen zu müssen, einen großen Zwei-Liter-Trichter mit gefrorener Hühnersuppe im Mund, die Fernbedienung mit Klebeband auf dem nackten Oberkörper fixiert, lag ich da wie der „Der Gefangene von Ottoman" und ließ das sterbende Jahr Revue passieren.

Was hatte ich erlebt? Was hatte ich erreicht? Hatte ich die mir gegebene Zeit sinnvoll genutzt? Gab es irgendetwas, das ich hätte besser oder anders machen können? Nein. Mir fiel beim besten Willen nichts ein. Wie schon in den Jahren zuvor, hatte ich einfach alles richtig gemacht. Glücklich zutzelte ich an einem inzwischen aus dem Trichterende ragenden, aufgetauten Stück Hühnerfleisch und bestellte übermütig in Gedanken beim Wirt „Ein Bier mit Senf, aber den Schaum unten!", so wie es mein Bruder im Geiste, Gottlieb Wendehals, mit einer an Wahnsinn grenzenden guten Laune bei der „Polonäse Blankenese" zu tun pflegte.

Zurzeit ging's mir einfach gut. Richtig gut. Vielleicht sogar zu gut. Wenn ich an die armen Kinder in Afrika dachte, da musste ich richtig lachen. So gut war ich drauf. Weil ich es so viel besser hatte als sie, allein durch die unwillkürliche Wahl meines Geburtsortes - des Punktes, an dem meine Seele zufällig in diesen Körper geschlüpft war. Ich selber hatte gar nichts dafür getan. Ein irres Gefühl. Vielleichte sogar das schönste Gefühl auf der Welt. Vermutlich sogar das einzige Gefühl auf der Welt. Zumindest für mich und in diesem Moment - ein Tröpfchen Glück in einer salzigen Wüste aus getrockneten Tränen.

Ansonsten war ich ja immer ein bisschen depri drauf, so wie ein guter Apfelsaft, von Geburt an naturtrüb. Man hat ja auch wenig zu lachen im Leben. Außer, wenn mal jemand anderes stolpert oder irgendwo gegenläuft. Das kommt mittlerweile aber leider kaum noch vor. Weil die Fußwege heutzutage so ebenmäßig und die modernen Laternen so weich sind. Da hat man als Augenzeuge eigentlich keinen Spaß mehr. Nicht so wie früher, wo man wohlweislich Windel trug, weil man sich nie wirklich sicher sein konnte, wann und wo einem vor Lachen erneut zwei, drei honigfarbene Tröpfchen unkontrolliert entfleuchen, weil der nächste Zeitgenosse irgendwo gegenrempelt oder drüberstolpert.

Was Deutschland momentan fehlt, ist ganz klar:

Wir brauchen wieder mehr unbeleuchtete Ecken und spitze Kanten!

Früher, als ich noch Tatort geschaut habe, sind die Leute da ja ausschließlich verstorben, weil sie während eines heftigen Streits aufgrund einer unglücklichen Handbewegung ihres Gegenübers mit dem Hinterkopf auf eine spitze Kante geknallt sind. Tischkanten, Stuhlkanten, Brotkanten oder der erhöhte Keramikboden vor dem offenen Kamin - das waren die Werkzeuge des Todes, damals 1987.

Der unglücklich Gestürzte, welcher gerade noch pausenlos gezetert hatte, lag nun mit offenem Mund, offenen Augen und offenem Hinterkopf leblos darnieder, während sein völlig überraschter Gesprächspartner Dinge sagte wie: „Hey, jetzt hör auf mit dem Quatsch. Das ist nicht mehr lustig. Hast Du gehört? Du sollst aufhören!". Dann wurde der Leblose vom Verblüfften gerüttelt und geschüttelt: „Wach auf! Wach auf!! Hörst Du mich, Du sollst sofort aufwachen!!!". Dieser Wunsch blieb trotz des immensen Gebrülls eigentlich immer unerfüllt.

Irgendwann hatte das auch der Verblüffte begriffen, ließ den Leblosen mit bestürzter Miene zu Boden sinken, raufte sich mit seinen aus den Höhlen tretenden Augen die Haare, schlurfte geschockt rückwärts Richtung Ausgang, verhedderte sich im Staubsaugerkabel und fiel mit dem Hinterkopf direkt auf den Eierpiekser. Tot!

So ein Tatort ging damals ja höchstens fünf Minuten. Und die spannendste Frage war jedes Mal: Welche Farbe hat die Kreide, mit der die Umrisse des Toten nachgezeichnet werden?

Aber das ist Vergangenheit.

Das größte Rätsel der Gegenwart bleibt für mich, warum etwa 90 Prozent der Männer auf öffentlichen Toiletten immer nochmal mit angewidertem Gesichtsausdruck ins Becken spucken, bevor sie zu pullern anfangen.

Wofür soll das gut sein? Soll die Spucke dem Harn Mut machen?

„Komm, hüpf rein, so kalt isses gar nicht!"

Sehen diese Männer im Toilettenbecken eventuell das Gesicht ihrer Frau?

Oder sehen sie vielleicht sogar sich selbst?

Ich weiß es nicht. Ich bringe nie den Mut auf, vor Ort direkt nachzufragen. Dabei bin ich so neugierig.

Ich spucke vor'm Wasserlassen ja immer in die Luft und platziere den herabfallenden Aulebatzen dann mit 'ner saftigen Kopfnuss oben auf dem metallenen Spühlknopf, sofern vorhanden. Das habe ich mir während meiner Berufsschulzeit in der Wrangelstraße angewöhnt. Als Alleinstellungsmerkmal. Und um vor den anderen männlichen Mitschülern nicht wie der letzte Idiot dazustehen.

Die Nummer kommt eigentlich bis heute gut an.

Viele denken ja, das würde kleben bleiben.

An der Stirn.

Aber das täuscht.

Nur Mut, versucht es doch selbst einmal.

Wenn das ein ARD-Fernsehkrimi wäre,
wüsste man gleich, wer der Mörder ist.

Ein Tag im Leben

7Uhr: Der Wecker klingelt. Mist, falsch gestellt.

7Uhr3: Der Wecker klingelt. Ahh, so ist es recht. Frisch auf in den Tag.

7Uhr5: Mit zwei Kippen im Mund erstmal Facebook checken. Das letzte Füße-am-Strand-Foto hat nur zwei Likes und einen Kommentar, und zwar den eigenen: „Warum schreibt denn keiner was?"
Schnell ein Foto von meiner neuen Selfiestange posten.

7Uhr30: Frühstück. Ein Carazza.

7Uhr32: Probleme beim Abschlucken. Typisch Carazza . Ursprünglich eine Erfindung der NASA, um den Astronauten als Windelkern bis zu 72h Stunden lang ein trockenes Gefühl zu bescheren.

7Uhr45: Mit 'nem Coffee to go von der Küche in's Bad.
Es folgt eine gründliche Katzenwäsche mithilfe eines Zitronenfeuchttuches.
Zähne putzen, Haare kämen, Katzenfell vom Sakko entfernen: das alles mit nur einer Bürste.

8Uhr20: Ich lasse die Sau raus, wie sich das für einen Europäer im christlichen Abendland gehört. Ich sitze in der Ringbahn und lese die Bibel, schon seit gut einem halben Jahr. Das war schon lange mal fällig, man kann sonst ja gar nicht mitreden. So richtig teilen kann ich die Begeisterung bisher noch nicht und ich hoffe beim Umblättern jeder neuen Seite darauf, dass nun endlich mal dieser Herr Frodo auftaucht, damit die Geschichte Fahrt aufnimmt.

9Uhr: Schichtbeginn. Was bin ich eigentlich von Beruf? Das Mädchen für alles. Der Idiot vom Dienst. Die Kaffeeschubse. Der menschliche Kippenautomat. Die Privatbank für Kleinkredite. Für einige habe ich hier anscheinend im Lotto gewonnen. Wat glauben die denn, womit ich mein Geld verdiene?! Was denken die denn, wer ich bin. Arsch Backus?

11Uhr: Feierabend. Zeit für die Sinnkrise. Warum? Weshalb? Wieso ich? Alle anderen sehen so glücklich aus. Ich habe doch auch nur dieses eine Leben. Warum folge ich nicht endlich meinem Herzen und verdiene mir als Golfballtaucher auf Mallorca eine goldene Lunge?
(Eine stetige Unzufriedenheit mit der eigenen Berufswahl ist Grundvoraussetzung, um in einem christlich abendländischen Kollektiv Fuß zu fassen. Es ist in jedem Deutschen Berufszweig so, dass man immer nur selber Recht hat. Alle anderen sind Idioten. Wer das nicht begreift, wird auf Arbeit vermutlich früher oder später sehr glücklich. Und glücklich sein, das ist uns nicht geheuer. Haben wir ein Recht glücklich zu sein? Wir, die steifen Spaßbremsen mit dem chronisch schlechten Gewissen, weil sich unsere Großeltern damals nicht genug angestrengt haben.
Wie gut es uns jetzt gehen könnte:
Man müsste nicht ständig seine eigene Meinung sagen.
Die Anzahl der Bücher, die es zu lesen gäbe, wäre überschaubar.
Weniger Nachbarn.

Und man könnte sich endlich mal die Augenfarbe seiner Freundin merken.

Wie mir diese ganzen unterschiedlich aussehenden DHL-Kuriere auf den Keks gehen, wenn sie mit den im Internet bestellten 30 Kilo Katzenstreu völlig durchgeschwitzt vor meiner Tür im 5. Stock stehen. Ich bestelle mir doch keine deutsches Qualitätskatzenstreu, damit mir da so ein spargeldünner Sozialhilfeverweigerer mit seinen triefenden Knoblauch-Achseln die halbe Packung vorklumpt.)

11Uhr30: Beginn des Zweitjobs. Restfleischauszutzler in einer der größten Wurstzipfelwiederaufbereitungsanlagen Europas. Weggeworfene Wurstzipfel werden hier oral gereinigt, 20 Minuten bei 600 Watt in einer riesigen Industriemikrowelle ausgehärtet, lackiert und dann als Partyhütchen für Kastanienmännchen an Bastler in aller Welt verschickt.

Ich verrate hier kein Geheimnis, wenn ich sage, dass der Laden brummt.

13Uhr: Mittagspause. Zeit für die zweite Schachtel Zigaretten. Aber wie soll man die in 'ner halben Stunde schon schaffen? Denkt hier im Betrieb denn keiner mehr mit? So macht das Rauchen überhaupt keinen Spaß. Das hat doch mit Genuss nichts mehr zu tun. Schon beim Gedanken daran möchte man sich vor Wut eine anstecken.

17Uhr: Feierabend. Zeit für den Einkauf. Produktvielfalt. Früher herbeigesehnt, heute ein Fluch. Ich habe mittlerweile mehr Aufschnitt gelesen als Bücher.

Man muss als gewöhnlicher Verbraucher heutzutage ja auf der Hut sein, wie früher nur die Könige. Damals waren es missgünstige Verwandte, heute ist es die skrupellose Lebensmittelindustrie. Ständig wollen sie einen vergiften. Daher ja auch der Spruch, der Kunde ist König. Das ist keine Bauchpinselei, das ist eine Warnung.

18Uhr: Mieten, Kaufen, Wohnen.
Nein, diese Wohnung gefällt dem jungen Nachwuchsmodell nicht, sie sucht etwas Größeres mit abgezogenen Dielen und Stuck und hoher Decke. Das mit den hohen Decken habe ich nie verstanden. Was haben die Leute vor? Mit einer gigantischen Zipfelmütze auf'm Kopp auf 'nem fahrbaren Trampolin durch die Bude hopsen?
Abgeschliffene Dielen. Auch so ein Ding. Ich bezahle doch nicht mehr für etwas, das eigentlich gerade weniger geworden ist.
Hier, Ihr Brot. Ich hab schon mal die dunkle Kruste abgeknabbert, nun sieht es gleich viel heller und freundlicher aus. So wie ich, weil es jetzt nämlich das Doppelte kostet.

20Uhr: Nachrichten. Alles beim Alten. Wenn die Nachrichten Freunde wären, würde ich ihnen raten, erstmal 'ne Weile Zuhause zu bleiben und Halma zu spielen. Draußen erleben sie ja offensichtlich nur Scheiße.

20Uhr15: Eine Dokumentation über Green-Smoothies. Kann der Körper püriertes Gemüse schneller und besser verarbeiten, als unzerkleinertes gekautes?
Ich kralle mich mit den Nägeln im Sofa fest. Wieviel Spannung kann ein Mensch ertragen? Nach einer dreiviertel Stunde endlich die Auflösung: Es ist egal!
Wouh!

21Uhr: Zeit für die dritte Schachtel Zigaretten, auf dem Balkon. Ich bin nervlich so angespannt, dass ich für eine Zigarette nur noch einen Zug brauche. Die M10 hält direkt vor dem Haus. Der Latexmann steigt aus. Die Türen blinken rot zur Abfahrt. Zwei Schwarzafrikaner spurten von der anderen Seite der Straße heran, in der naiven Hoffnung die Bahn so noch zu erwischen und schaffen es auch. Na Freunde, so wird das natürlich nichts mit der Integration. Als Berliner sprintet man der Bahn nicht hinterher, man joggt ihr entgegen.

21Uhr53: Puzzle-Time! 1000 Teile. Motiv wolkenloser Himmel. Das ist meine Welt.

23Uhr15: Markus Lanz schauen. Immer, wenn er die Stirn in Falten legt, will er es wirklich wissen. Wenn wir ihn nicht hätten, wären wir um einige Antworten reicher.

1Uhr: Bettruhe. Ein schmales, hartes Kissen - das ist Voraussetzung für einen gesunden Schlaf. Nicht diese wuchtigen Daunenkissen, wo der Kopf immer drin versinkt wie ein Edelstein in 'ner Schmuckschatulle und man unentwegt seinen eigenen Puls hört, weil die hochgeklappten Kissenenden die Ohren luftdicht versiegelt haben.

Mit dieser tragbaren Version des Hubble-Teleskops war es nun endlich für jeden Menschen möglich, bis ans Ende des Universums zu schauen und sich somit selber von hinten zu betrachten.

Weihnachtsmarkt

„Sieben Euro!", schrie der Mann in dem Glaskasten. „Sieben Euro!"

Wir verstanden ihn gut. Aber er sah beim Brüllen so lustig aus, dass wir ihn einfach nochmal fragten: „Wieviel?"

„Sieben Euro!", wiederholte er sich fassungslos in einer Lautstärke, die den Plexiglasscheiben, die ihn umgaben, erste Haar-Risse bescherte.

Geplatzte Äderchen begannen sein rechtes Auge blutrot zu durchfächern. Das linke war vor Erregung sogar ein wenig aus der Höhle getreten. Wir kannten den Mann nicht. Und wir wussten auch nicht, warum er so wütend auf uns war. Sauron und ich hatten ihn nur gefragt, was zweimal „Break Dance" kostet, da das Schild mit den Preisen so unleserlich hinter einem anderen Schild mit der indischen Lebensweisheit „Den Anweisungen des Personals ist Folge zu leisten" versteckt war.

„Sieben Euro!" also würde uns eine Fahrt mit dem „Break Dancer" kosten. Das wussten wir jetzt. Und dass heute zweiter Advent war, und wir uns heute eigentlich von den unzähligen Fahrgeschäften auf dem Berliner Weihnachtsmarkt in festliche Stimmung schleudern lassen wollten, das wussten wir auch. Und hemmungslos essen und trinken, das stand ebenfalls auf der Tagesordnung. Beim Lose ziehen ein Vampirgebiss und einen Plastekamm gewinnen, für die Dame 'ne Rose schießen, beim Autoscooter ängstlich quiekende Jugendliche mit der Bio-Droge Schleudertrauma bekannt machen, in der Geisterbahn aussteigen, den Daumen rausstrecken und dann mit 'nem

Pappschild, wo drauf steht „Fahr vorbei, und Du bist tot!"
auf die nachfolgenden Wagen zu warten - all das hatten wir
uns heute vorgenommen.

Aber uns von einem brüllenden Hausschwein im Fred-Per-
ry-Pullover den Minimal-Satz „Sieben Euro!" dreimal hintereinander in einer Lautstärke entgegenbrüllen zu lassen,
die einem augenblicklich die Augen aus dem Kopf pustet -
das stand überhaupt nicht auf der Tagesordnung. Das war
eine Überraschung, die uns das Leben von sich aus bereitet
hatte. Einfach so. Geschenkt. Wir waren begeistert. Kein
Wunder:

Ein Glühwein, zwei Eierpunsch und das ungarische Kult-
nahrungsmittel Lángos hatten es sich bereits in unseren
Mägen gemütlich gemacht. Jetzt waren wir bereit, uns vom
hemmungslos rotierenden „Break Dancer" die Schwerkraft
um die Ohren hauen zu lassen.

Voller Vorfreude schauten wir auf die wirbelnde Konstruktion aus Stahl und hochwertigem Kunststoff.

Es war ein Bild des Grauens. Pärchen schrien wie am Spieß.
Gestandene, bis zum Hals tätowierte Männer krallten sich
ängstlich in den Oberschenkeln ihrer ebenfalls heulenden
Partnerinnen fest. Schlüssel, Smartphones, Kontaktlinsen,
Schulterpolster, Nasensteine, Hosenknöpfe, Vorhäute flo-
gen durch die Gegend wie Stahlmantelgeschosse. Irgendje-
mand hatte sich offenbar übergeben. Jedenfalls wurde eine
unförmige, breiige Masse von Wagen zu Wagen und von
Mund zu Mund weitergegeben. Keine Frage, mit diesem
Ding wollten wir auch fahren. Schließlich war Weihnachten.
Und wir mochten es nun mal gemütlich. Und was ist schon
gemütlicher als der Tod? Wir schauten uns noch ein letztes
Mal in die Augen, dann schloss sich der Sicherheitsbügel.
Fertig zur 1. Runde!

Als der „Break Dancer" nach gefühlten 2000 Lichtjahren

blanken Entsetzens wieder zum Stehen kam und sich der Sicherheitsbügel mit einem leisen Klack-Geräusch öffnete, blieben wir noch eine Weile sitzen, bis auch die letzten Sterne und Planeten in Form von langen leuchtenden Strippen an uns vorbeigerast waren. Dann steckten wir uns die Augäpfel zurück in den Kopf, hüpften aus der Gondel und drifteten sogleich, ohne Rücksicht auf Menschen, Gebäude und die vier Himmelsrichtungen, auseinander.

Erbarmungslos bahnten sich unsere von der Zentrifugalkraft aufgeladenen Körper ihren Weg durch's vorweihnachtliche Berlin. An der Gedächtniskirche kreuzten sich unsere Wege noch einmal kurz, woraufhin wir uns begeistert zuwinkten, nur um gleich darauf schon wieder in unterschiedliche Richtungen weiterzuschießen. Ich trudelte schließlich kurz vor Erkner aus. Sauron kam am Dreieck Havelland zum Stehen.

Zum Glück hatten wir vorher ausgemacht, dass wir uns, falls wir uns auf dem Weihnachtsmarkt verlieren sollten, unverzüglich an der Weltzeituhr wieder treffen würden. Kaum dort angekommen, mussten wir jedoch erschrocken feststellen, dass wir um gute 20 Jahre gealtert waren.

Unsere Nasen waren so lang wie Ochsenziemer. Die Ohren baumelten schlapp am Kopf runter und die Hautlappen unter unseren Armen flatterten im Wind wie leere Einkaufs- tüten am Fahrradlenker einer alten Bäuerin in Bergisch-Gladbach, die gerade mit defekter Stempelbremse die Pfaffrather Kalkmulde hinunter rast. Kurzum: Wir sahen rattenscharf aus, wie zwei uralte Malaien-Gleitflieger.

Zur Belohnung holten wir uns anschließend einen kandierten Apfel. Die blutrote Zuckerkugel entpuppte sich als unzerbeißbar. Dafür schlugen wir mit ihrer Hilfe bei „Hau den Lukas" mehrfach die Klingel aus der Halterung.

Nun waren wir erst so richtig aufgekratzt. Ab zum Autoscooter!

Als dickes Kind bin ich mit gesenktem Kopf daran vorbeigeschlichen, in der ständigen Angst, gleich ein paar auf die Fresse zu kriegen. Am Autoscooter versammelte sich seit jeher die Crème de la Crème der Pankower Knochenbrecher-Szene. Heute war der Tag, es den ekelerregend energiegeladenen Heranwachsenden heimzuzahlen. Das Ziel war klar gesteckt: Töten!

Egal, was uns in die Quere kam – wir versenkten alles.

Am politisch inkorrektesten war sicherlich das frontale Rammen eines etwa vierjährigen kleinen Negerjungen, der Sturzbäche heulend und mit vor Todesangst geweiteten Augen neben seinem zur Salzsäule erstarrten Vater saß, während Sauron und ich infernalisch lachend und mit der abmontierten Gummiummantelung winkend auf die beiden zurasten.

Zum Entspannen fuhren wir anschließend eine Runde Gespensterbahn.

In Kindertagen ein Ort unvorstellbaren Grauens, entpuppte sich der gefürchtete Weihnachtsmarktklassiker nun als Hort der Ruhe und Entspannung.

Es gab wirklich nichts zu sehen, was mir nicht schon hundert Mal vorher im „Kaufpark Eiche" auf der Rolltreppe entgegengekommen wäre.

Das gruseligste an der ganzen Gespensterbahn waren letztendlich die von den regennassen Gesichtern der vorherigen Fahrgäste durchfeuchteten Flitzlappen, die uns immer wieder unanständig lang schmatzend übers Gesicht wischten, während wir von einem Gruselraum in den nächsten einfuhren.

Egal, wie sehr wir uns auch duckten und wanden - die Filzlappen erwischten uns immer.

Da war ich richtig erleichtert, als mir zwischendurch mal ein Skelett von hinten an die Schulter tippte und „Buh!" schrie.

Diese Freude war jedoch nur flüchtig.

Die nächsten Filzlappen waren schon in Sichtweite. Um den Kopf sahen wir bereits aus wie zwei frisch geschlüpfte Wachtelküken. Und genau wie diese fuhren wir verängstigt und resigniert zugleich auf dem Fließband der Einfallslosigkeit unserem trostlosen Schicksal entgegen.

Egal, ich war heilfroh, mein altes Kindheitstrauma endlich überwunden zu haben und meine Laune beim Verlassen des Gespensterbahnwagens dementsprechend gut. Sauron sollte davon auch was abkriegen. Als Zeichen vollkommener Zuneigung wollte ich ihr unverzüglich eine Rose schießen. Doch so sehr wir auch suchten, keine Schießbude weit und breit.

Vermutlich waren in den vergangenen Jahren zu viele mit Glühwein gefüllte Herren der Verlockung erlegen, anstatt der preiswerten Kunststoffblume doch lieber gleich den ganzen Schießbudenbesitzer für die Angebetete zu erlegen und sich anschließend noch um 180 Grad zu drehen, um den quiekenden Kindern im Märchenkarussell die Schokofrüchte vom Stiel zu ballern.

Da des Menschen ureigene Sucht nach Blumen dennoch irgendwie befriedigt werden musste, hatte ein besonders mutiger Schausteller eine gewagte Alternative aufgebaut: eine Bude, an der man für 5,- Euro drei beliebige Filzblumen aus einem riesigen Filzblumenbeet pflücken konnte.

Je nachdem, welche Farbe das Ende des im Kunstrasen versenkten Stiels der Blume hatte, gab es unglaubliche Preise zu gewinnen.

„Jede Blume gewinnt!", verkündete ein vielleicht 19-jähriges Mädchen mit geröteten Wangen und dünner Stimme.

„Falls Ihnen Ihr Gewinn nicht gefällt, können Sie ihn auch umtauschen", legte sie leiser nach.

„Oder ich wohne ein Jahr bei Ihnen im Keller und wasche ab", beendete sie schließlich wimmernd ihre Ansprache.

Offensichtlich konnte sie selber kaum glauben, was sie den Schießwütigen hier als Alternative anbot. Wenn ich für 5,- Euro drei Filzblumen meiner Wahl hätte zerhauen dürfen oder wenigstens unbeherrscht zerknüllen, ich hätte es getan. Aber pflücken? Kein Interesse. Das einzig Gute am Schießen war doch, dass man relativ schnell nachprüfen konnte, ob das, was man sich vorgenommen hatte, auch eingetroffen war.

Zum Glück erblickten wir kurz darauf auf eine wirklich mal vielversprechende Jahrmarktssensation: Den „Terminator 4"-Flugsimulator. „Mit der neuesten Simulationstechnik 2010!", wie uns ein Schild über dem Kassenhäuschen versicherte. Aufgrund dieser sich selbst zerstörenden Aussage waren wir zunächst etwas misstrauisch. Doch kaum, dass sich die Türen des ultramodernen Flugsimulators „Mit der neusten Simulationstechnik 2010!" geschlossen hatten und wir minutenlang in völliger Dunkelheit quietschend von vorne nach hinten gekippt wurden, während der ultramoderne Computer laut Anzeige auf der Leinwand erfolglos versuchte, Kontakt mit dem ultramodernen Videobeamer aufzunehmen, um uns dann nach gefühlten zwölf Monden endlich doch noch grafikmäßig ins Jahr 1991 zurück zu katapultieren, waren wir sicher, dass wir hier nach Strich und Faden verarscht wurden. Unsere Anspannung löste sich augenblicklich. Am schlimmsten ist ja immer die Ungewissheit.

Zehn trostlose Minuten verbrachten wir in der knirschenden und schnaufenden Zeitmaschine.

Dann endlich beruhigte sich das tollwütige Ungetüm. Mit einem nicht ernst zu nehmenden Zischen öffnete sich die Ausgangstür. Vorsichtig, ganz vorsichtig, voll banger Hoffnung lugten wir durch den immer größer werdenden Spalt, durch den bereits buntes Licht drang. Dann die Erleichterung: der Berliner Weihnachtsmarkt! Wir jubelten auf. Wir waren wieder zurück in der Zukunft!

Vor lauter Freude wussten wir erstmal gar nicht wohin mit uns. Zum Glück hatte eine drei Meter große mechanische Maus eine unglaublich gute Idee: „Kommen Sie in den verrückten Mäusezirkus! Sehen Sie Mäuse auf dem Rummelplatz, Mäuse in ihrem eigenen Jurassic Park, Mäuse in der Stierkampfarena, Mäuse beim Brunch, Mäuse beim Rückbildungskurs und Mäuse, die auf dem Tisch tanzen. Der Mäusezirkus – Ein unvergessliches Erlebnis für die ganze Familie!"

Der bunte Zirkuswagen, in dem sich der Mäusezirkus befand, hatte eine geheimnisvoll altmodische Aura, so wie die Kutsche in „Das Kabinett des Dr. Parnassus".

Ich war mir sicher: Hinter der Tür dieses alten Zirkuswagens würde sich für uns eine noch nie gesehene Welt auftun. Dass aber auch wirklich gar kein Mensch anstand, um sich dieses Spektakel anzusehen, untermauerte nur unsere Vermutung, dass es sich bei dem Mäusezirkus um einen echten Geheimtipp handelte, für den man eben auch den Blick haben musste. Den Blick eines Kindes, das noch offen ist für die Geheimnisse der Welt.

Und tatsächlich: Als wir die Tür zum Elysium der Nager öffneten, verschlug es uns augenblicklich den Atem. Es war, als ob uns jemand die Überreste Tutenchamuns ins Gesicht geschmiert hätte. Es roch nach Tod, Verwesung und zentnerschwerem Urinstein. Ein offensichtlich vom Teufel besessener Geschäftsmann hatte hier eine Berliner Zeitung in ein etwa fünf Quadratmeter großes Terrarium gelegt, eine Handvoll Plastedinosaurier, ein Playmobil-Riesenrad, ein Barbie-Traumklo, ein paar Gummiindianer und anderen Unrat hineingeworfen und dann ungefähr 200 weiße Mäuse hinterhergekippt.

Die Stimmung im Mäusezirkus war dementsprechend bescheiden.

Keine einzige Maus saß im Riesenrad. Auch am Losstand herrschte gähnende Leere. Fast alle hatten sich in der Plastearena des milde lächelnden Playmobilcäsars zu einem großen flauschigen Berg aufgehäuft und schliefen oder waren bereits hinüber.

Sauron und ich packten uns fest an den Händen. So etwas Wundervolles hatten wir bisher noch nie gesehen. Unser eigenes Dasein erschien uns auf einmal wie ein Hauptgewinn.

Wie gut wir es doch hatten – dieser Gedanke ging uns nicht mehr aus dem Kopf.

Wir waren frei. Wir konnten tun und lassen, was wir wollten. Heute z.B. hatten wir uns aus den unendlichen Möglichkeiten, die das Leben für uns bereithielt, dafür entschieden, den Berliner Weihnachtsmarkt zu besuchen.

Und mit dem Berliner Weihnachtsmarkt war es offensichtlich wie mit meinen goldenen Einlegesohlen:

Sie waren total überteuert, unbequem, arschkalt und niemand wusste, dass ich sie trug. Aber sie bewirkten, dass ich den ganzen Tag über immer ein bisschen grinsen musste.

Jesus hatte es heute besonders eilig. Ihm war grade wie
Schuppen von den Augen gefallen, dass er ganz vergessen hatte,
zuhause in Nazareth den Krisenherd auszumachen.

Tschüüsss!

Vergangenes Wochenende wurde mir wieder einmal bewusst, wie wichtig es ist, zur Verabschiedung nach sonntäglichen Familientreffen, korrekt zu winken. Da wird viel falsch gemacht. Winken ist eine uralte Form der Kommunikation. Erfunden wurde sie im Jahre 1143 von den Winkingern anlässlich eines epileptischen Anfalls ihres Anführers Huhu Hansen. Huhu Hansen war ein Pionier. Die Jahre zuvor hatten sich die Menschen zur Begrüßung Kiesel oder kleine Quitten an den Kopf geworfen, weil sie es nicht besser wussten.

Dann kam Huhu Hansen und winkte. Wenn auch unbeabsichtigt.

Wie ein Lauffeuer verbreitete sich die neue Geste. Überall auf der Welt wollten es die Menschen Huhu Hansen gleichtun. Dabei wurden solch unvorstellbare Luftmassen in Bewegung gesetzt, dass die Thermik der Erde völlig außer Kontrolle geriet. Leichter Sprühregen war die Folge.

„Zieht Euch was über, denkt an Eure Nieren!"

Das Orakel hatte sie gewarnt, aber viele Menschen unterschätzten die Gefahr und starben erst Jahrzehnte später an purer Langeweile. Bei uns wird daher immer noch nach altem Rezept gewunken.

Es ist ganz einfach:

Wenn einen die Eltern zur Haustür gebracht haben und man nach unzähligen Umarmungen, Wangenküsschen, Fontanellenschnipsern, Nasenknuffis, Leberhaken, Poklapsern und Feuchten Fuzzis endlich dabei ist, sich füßlings Richtung Auto zu bewegen, ist es unerlässlich, sich nach spätestens zehn Sekunden umzudrehen und seinen Erzeugern nochmal beherzt zu zuwinken. Einfach so. Aus Liebe und Dankbarkeit für das Geschenk des Lebens.

In 80% der Fälle haben die Eltern die letzten zehn Sekunden ohnehin gewunken und stehen somit immer noch winkend da.

Eine sogenannte Wink-Wink-Situation.

Dennoch, jetzt nicht verharren und das Ziel aus den Augen verlieren. Weiterlaufen! Richtung Auto. Viele Menschen kriegen ja ein schlechtes Gewissen, wenn sie sich schnurstracks vorwärts bewegen, während ihnen ihre verzückten Erzeuger gnadenlos liebevoll in den Rücken winken. Von dieser Fessel der Natur muss man sich befreien. Irgendwann möchte man ja auch einfach mal nach Hause.

Das sollte man sich jedoch um Gottes Willen nicht anmerken lassen. Es sei denn, man will den ganzen schönen Nachmittag kaputt machen. Daher beim erneuten Umdrehen lächeln! Lächeln als ob heute der schönste Tag des ganzen bisherigen Lebens wäre und winken, als wolle man ein blindes Kind auf sich aufmerksam machen, das nach einer komplizierten Operation soeben sein Augenlicht wiedererlangt.

Am PKW angekommen, heißt es: Türen öffnen. Vor dem Einsteigen aber unbedingt den Eltern noch einmal besonders kräftig zuwinken, damit diese auch sehen, dass man wohlbehalten am Fahrzeug angelangt ist.

Nach dem Einsteigen, kurz vor dem endgültigen Schließen der Türen, auf jeden Fall auch nochmal wie von Sinnen winken, um zu signalisieren, dass man unversehrt Platz genommen hat. Jetzt flott die Türen zu! Wenn man ein Kind hat, ist das der Augenblick, wo dieses sich ohne Umschweife auf der Rückbank wendet, damit es knielings aus dem Heckfenster winken kann.

Kurz nochmal hupen, Gaspedal durchtreten und ab geht die Lutzi!

Im Anfahren werden die Seitenfenster heruntergelassen, Fahrer und Beifahrer winken nun jeweils mit einer Hand, im besten Fall mit den Handflächen nach hinten, aus dem Auto. Das Kind winkt statisch durch die Heckscheibe.

So geht's die nächsten 100 Meter. Die nächste Biegung ist noch in weiter Ferne und die Regel besagt ganz klar: So lange winken, bis man sich nicht mehr sieht.

Ein Blick in den Rückspiegel: Die Eltern werden immer kleiner.

Trotzdem, nicht aufhören, weiterwirken!

Vater verlässt die Szenerie, er muss noch was reparieren. Mutter bleibt unbeirrt am Ball.

Nun ist es ratsam, die Hände reinzunehmen und das Kind zu wenden, um Mutter unmissverständlich klarzumachen, dass jetzt auch mal langsam Schluss ist.

Sie soll Vater folgen. Nicht, dass ihr noch was passiert.

Diese Maßnahme bringt jedoch oft nicht den gewünschten Erfolg. Die schrumpfende Mutti winkt einfach weiter. Das hält kein Mensch aus. Die kleine liebe Mutti!

Also schnell die Arme wieder raus und die Hände schlackern lassen, als gäbe es kein Morgen mehr.

Nur noch zehn Meter bis zur Kreuzung. Unbedingt weiterschlackern!

Nur noch fünf Meter. Das Kind in der Heckscheibe erhöht zum Finale noch einmal die Frequenz. Seine Bewegungen haben nichts menschliches mehr.

Dann endlich: der Wagen biegt ab und verschwindet hinter dem ersten Gebüsch.

Mutter ist nicht mehr zu sehen.

Völlig entkräftet lassen die Fahrzeuginsassen ihre Winkwerkzeuge sinken und atmen erschöpft durch: „Hui, na das war ja was. Gar keine Kondition mehr. Also beim nächsten Mal..."

Plötzlich! Eine Lücke im Gebüsch!!

Mutter!!!

Sie winkt immer noch!!!!

„Neeeeeiiiiiin!!!!!"

Weg isse! Die arme kleine Mutti.

Mein Gott, das haben wir nicht gewollt.

Was sind wir nur für schlechte, schlechte Gäste.

Man kennt das. Check out ist um 11 Uhr, aber der Flieger geht erst um 6 Uhr. Endlich mal Zeit für die eigenen Gedanken. Dieser Hydrant da zum Beispiel, der sah doch aus wie ein kleines Metallmännchen mit ganz kurzen Armen, Klorollenkopf und einem unverschämt breiten Schniepel. Haha. Kinder, wie die Zeit verfliegt. Herrlich. Nur noch sechs Stunden und 59 Minuten.

Ende

Anmerkungen des Autors

Sauron – *meine Freundin und gleichzeitig eine Baldachinspin-nengattung*

Wings Hauser – *der Mann, der die Rollen spielte, für die Jean-Claude Van Damme, Dolph Lundgren, Chuck Norris, Michael Dudikoff und David Bradley keine Zeit hatten (S. 28)*

Kerngesunde Äpfel an einem kranken Baum – *nur, weil immer mal wieder besorgt nachgefragt wird: Dieser Satz ist eine Anlehnung an die Textzeile "Cause if you didn't like my apples, baby, tell me, why did you shake my tree?" aus den Song "You'll Miss Me (When I'm Gone)" von Fontella Bass & Bobby McClure und bezieht sich nicht auf die sexuelle Ausrichtung der Dame, sondern allein auf ihren unsagbar grimmigen Blick. (S. 116)*

Hofnarr und Kakerlake – *eine unnötig lange Moritat, deren ganze Grausamkeit man auf www.tierestreichelnmenschen.de nachhören kann (S. 139)*

Chaulie – *der unsichtbare Kindergartenkumpel, wenn sonst keiner zum Spielen da war (S. 156)*

Carazza – *ein Lebensmittel, das diesen Namen nicht verdient (S. 173)*

Negerjunge – *im nichtrassistischen Astrid-Lindgren'schen Sinne (S. 182)*

Feuchter Fuzzi – *wenn man jemandem den angeleckten Zeigefinger ins Ohr steckt (S. 188)*

Trotz intensiver Recherche war es uns nicht möglich, alle Rechteinhaber an den Bildern bzw. alle abgebildeten Personen zu ermitteln. Für weiterführende Hinweise sind wir dankbar.

Der Autor, auch bekannt als "Der Mann mit der preiswerten Maske" -
ein Sparfuchs alter Schule. Kann in getarntem Zustand leider nur mit den
Ellenbogen kämpfen.

Martin 'Gotti' Gottschild lebt. Ganztägig. Und das schon seit 40 Jahren. Er
kommt gut zurecht. Das Atmen macht ihm Spaß. Er war schon mal DDR-Meis-
ter im Bogenschießen, Musikalienhändler, berühmt, Garderobenfrau und ein
gefürchteter Klingelton.

Im Spätsommer 2003 schreibt er seine erste heitere Kurzgeschichte, weil er
zwar gerne lacht, aber eben nicht so lange.

Ein Jahr später erfindet er Tiere streicheln Menschen - die Actionlesung.

Seine Spezialität sind zudem umwerfend komische "Diavorträge" - absurde
Geschichten, die er sich zu nostalgischen Familien-Dias ausdenkt, die er auf
Flohmärkten findet.

Nach „Der Schatz im Silberblick" (2010), „Die Schwarte Mamba" (2011), "Herr
Hasel & Fräulein Nuss" und "Dia-Abend" (2013) erscheint nun mit "Im Würge-
griff des Wanderfalken" endlich Gottis neues Buch, seine neuesten Abenteuer.

Von Januar 2014 bis Mai 2016 waren Tiere streicheln Menschen mit ihrer
Kolumne jeden Freitag in der Sendung „Die schöne Woche" auf RadioEins
(RBB) zu hören. Seit Mai 2016 moderiert Gotti gemeinsam mit Thomas Wosch
die Sendung „RadioZwei", ebenfalls freitags auf RadioEins.